「関係の空気」「場の空気」

冷泉彰彦

講談社現代新書

1844

はじめに

変化の激しい時代である。日本社会には多くの問題があり、それぞれ改革派と守旧派が対立軸を作って抗争を繰り広げているように見える。だが、本当に対立は機能しているのだろうか。

国際関係、少子化、高齢化、若年層の雇用、教育、財政赤字、消費税率、年金……。論点のそれぞれは深刻なのに、激しい対立もなければ現実的な妥協もない、それでいて何となく何かが決まっていく、あるいは先送りされていく、それが日本社会のようだ。

そこでは「空気」がすべてを支配しているといってもよいだろう。論理や事実ではなく、「空気」が意思決定の主役になり、またその「空気」が風向きの変化によってよく変わるのだ。

中でも年金問題が良い例だ。二〇〇四年に政界を揺るがせた「年金未納期間のある人は公職にはつけない」という一時の空気は雲散霧消した。だが、二年後に起きた「保険料不正免除問題」をこの問題と関連付けた論評は少ない。なぜなら、どちらの問題でも主役は

「空気」だからだ。

文部科学省が、学習指導要領をやさしくしてみたり元に戻してみたり迷走しているのも、「空気」の仕業だろう。「詰め込み教育よりも個性を」という空気は「ゆとりは学力低下を招く」という空気に敗北すると、これもどこかへ消えていってしまったのである。

そこには、冷静な事実の把握や、原理原則と政策のすり合わせはないと言っていい。

「空気」が支配しているのは、一国レベルの「世論」だけではない。個々の企業における「社内世論」や、学校のクラスにおける「先生ムカツク」とか「〇〇ちゃんウザい」というようなものも「空気」に他ならず、それぞれの小社会であたかも絶対権力を握っているかのようである。

そして、この「空気」に対して、日本人の一人一人は無力である。

「何ごともその場の空気によって決まる、というのは良いことではない。だが、その場の空気が濃くなればそれに対抗するのは難しいし何よりも損だろう」

そんな感覚が日本の社会の隅々までを満たしている。こうした感覚自体が「空気」に他ならないのだが、

「空気読めよ」

という身も蓋《ふた》もないフレーズがよく聞かれることを考えると、この空気は濃くなる一方

のようだ。

この「空気」に対抗するにはどうしたらよいのだろう。本書ではその中でも日本語に焦点を当てて、「空気」の形成と日本語についての議論を展開してみようと思う。日本の社会におけるこの「空気」の問題を考えるには、日本語の問題が大きいと思うからである。

例えば一つの流行語が生まれることで社会の全体に濃厚な空気が伝染してゆくことや、会社の会議などで力を持った人物の一言がその場の「空気」を支配することなどがよい例だ。また、「例の件だが」とか「ねえ、あれなんだけど」というような間接的な表現も空気と密接な関係があると言えるだろう。日本語の問題を考えることは、「空気」が社会を振り回してゆく問題を考えるための有効な鍵となりそうである。


このことを教えてくれたのは、他でもない私の教えているアメリカの大学の日本語クラスの学生たちである。授業の中で、「人の勧誘を断る会話」の練習をしていたときのことである。

「皆さん、日本では『イエス・ノー』をあまり明確に言ってはいけません。特に、『ノー』を言わなくてはいけないときは要注意です。日本語の会話では常に発語の五〇パーセント以上は聞き手との人間関係を良好に維持する配慮の表現だと思ったほうがよいでしょう。

むきだしの『ノー』を使うと、ノーという意思を伝えるよりも、相手への敵意を突きつけたいのではと誤解されることになりますよ」

というようなことを、初級から中級の場合は私は英語で解説する。そして、「いいえ」の代わりに、「それは、ちょっと」とか「ちょっと」というような「ぼかし表現」を教えるのだ。

昔と違って、いまのアメリカの学生はこうした話法について「無責任で卑怯」などという批判はしなくなった。それは日本のアニメやマンガなどで日本流のコミュニケーションのニュアンスを何とはなしに知っているからであり、また英語圏での会話様式も社会の複雑化に伴って"Yes, but..."というような「ぼかし」が当たり前になってきているからでもある。

そんなわけで、日本語が好きな学生は、この「ちょっと」にハマるということが起きる。

「皆さん、明日のテストは少し難しいですよ」

「先生、それはちょっと」

とか、

「ワークブックを今学期中に終わらせたいので、今日からは一日の宿題が増えます」

「先生、それはちょっと」

という具合である。そして、こうした会話を通じて、クラスの雰囲気には明らかに「甘え」が生まれるのだ。そんな経験を通じて私が得たのが、日本語の特徴は「空気」にあるのでは、という発見であった。宿題やテストに対して、単位や成績を気にする学生は「ノー」とは言えない。また、教師としては、学生がイヤがるのはわかっていても課題は与えなくてはならない。そんな中、ささやかな抵抗は示したいが、教師の心証は悪くしたくないという「甘えた感情」を学生は「ちょっと」の一言で表現できるのである。そして会話全体の雰囲気は、緊張感と同時にある種の「甘え」の混じった「空気」に包まれるというわけである。

もちろん、学生たちは日本語を学び始めて半年とか一年というレベルであり、日本語のネイティブ・スピーカーのように百パーセントニュアンスを理解しているのではない。だが、それでも日本語特有の「ぼかし表現」が「空気」を作り出すことは理解できるようだし、理解することでますます日本語が好きになっていくようなのだ。

だが、日本語と空気という問題は単純ではない。

世論を引きずり回す空気、クラスの中に「甘え」を作り出す空気と、一対一の人間関係における会話の空気は明らかに違う。

一対一の会話においても、空気というのは日本語にとって重要な要素である。しかも、その重要さというのは三人以上の場合とは、全く次元が違うと言ってよい。空気がその二人の関係を支配していて、言葉は不要、などという場合もあるぐらいだ。

例えば、

「…………（見つめあうだけ）」

という恋人たちの「会話」とか、

「あれ頼むわ」「あれかい。わかったよ」

という夫婦の会話などは、果たして「問題」なのだろうか。三人以上の場と同じように、この空気も「良くはないが対抗するのは難しい」存在だと言わねばならないのだろうか。

必ずしもそうではない。

「どんなに愛し合っていても、つねに誤解の可能性があるのだから、男女の会話ではできるだけ何でも言葉にするよう心がけなさい」

などというお説教は誰もしないだろうし、親子、友人、職場の上下関係などでもそうだ。会話に空気をもたらす要素を排除して、何でも客観的に饒舌《じょうぜつ》に話さなくてはいけないなどということになったら大変である。

どうやら、日本語における空気はすべて問題がある、ということではなさそうだ。少なくとも、一対一の関係においては、会話の中に空気が入り込むのは避けられないのだろう。いや、もっと言えば空気がなくてはならないのである。

ここでは、仮に、三人以上の場における空気のことを「場の空気」、一対一の会話における空気を「関係の空気」と呼んで区別することにしよう。そして、非常に大ざっぱであるが、「場の空気」には問題があり、「関係の空気」はむしろ必要なもの、という仮説を持ちながら論を進めてみたい。


では、現在の日本語に起きているのは一体何なのだろう。

まず「関係の空気」の日本語には何が起きているのだろうか。流行語や若者言葉が氾濫する一方で、携帯メールやブログなどの個別のコミュニケーションツールが普及し、人々の言葉はますます豊かになっているように見える。TVに目を向けると、饒舌なバラエティー番組に加えて、世相を反映したドラマでも、どんどん洗練された話し言葉が量産されている。パーソナルなコミュニケーションでも、マスメディアでも、日本語の向かう方向は一緒だ。

省略表現や、隠語、略語など仲間内の言葉がどんどん作られて行っている。そして語法はどんどんニュアンスを強く含んだ、つまり「空気」の濃厚なスタイルになって行っている。

その一つの象徴が「タメ口」と言われる「だ、である」調の会話だ。とかく堅苦しく冷たい印象になりがちの「です、ます」調は嫌われているようで、とにかく男女を問わず大人から子供まで「だよね」とか「そうだよな」という調子が好まれている。従来は「です、ます」で様子を見るのが当然とされた上下の会話、初対面同士の会話でもできるだけ「タメ口」を使いたい、一定の世代以下の日本人にはこれは共通の理解のようだ。

では、そんな「タメ口」をメールやブログ、あるいは気の置けない対等な会話に乗せながら、現代の日本人は豊かな一対一の関係を築くことができているのだろうか。

必ずしもそうとは言えない。

一対一の関係において「空気」が欠乏する、そんな事態が増えてはいないだろうか。「キレやすい」人々の存在、ネット社会における沈黙の恐怖、遺書を残さない膨大な自殺者の群れ、振られたといって相手の少女を殺してしまう少年たち、そうした不気味な「言葉の不在」は、それぞれの「一対一の関係」において日本語が「窒息」していることを示してはいないだろうか。「窒息」というのはつまり、空気が欠乏してしまい、空気に頼った会話が成り立たず、関係が成り立たなくなるということである。

日本語が窒息して関係が途切れる、そんな現象は考えてみればたくさんある。いじめの問題、ひきこもりの問題、一方的に喋りまくる上司と部下が信頼関係を築けない問題、ひいては横行する不気味な凶悪犯罪まで、一見すると社会の病理として手のつけられない問題に見える現象も、日本語の窒息という観点から見直してみると、別の姿が浮かび上がってはこないだろうか。

病理といえば、現代日本における男女の関係にも日本語が影を落としている。非婚化現象の進む中、どうして日本人の女性同士のグループが海外旅行を楽しむ姿が目に付くのだろう。一方で、男性たちが揃ってTV各局の「女子アナ」をあこがれの対象として見るのはなぜなのだろう。こうした男女間に進行しているディスコミュニケーションも、男女の間に横たわる空気の欠乏という問題として見ることができる。


一対一の関係において、日本語が窒息する局面が増えているとして、では「場の空気」はどうだろう。こちらに関して言えば、その猛威は止まるところを知らないようである。

二〇〇六年の春に至る数年間、日本社会の話題の中心にあった、いわゆるライブドア事件がよい例だ。空気が猛威を振るったということでは、年金や教育どころの話ではない。

会社を興して大学を中退し、その後は企業買収を繰り返して時代の寵児《ちょうじ》となった堀江貴文という人物は、その絶頂期においては何が起きても「想定内」だと強弁して、その弁舌の小気味よさが喝采を浴びた。だが、検察の摘発でその違法な経営姿勢が暴露され、本当の「想定外」の事態に陥ると、今度は空気の名において極悪人呼ばわりされたのである。

この大げさな茶番劇も、振り返ってみれば主役を務めたのは「場の空気」にほかならない。堀江の成功と墜落が第一幕の主役なら、民主党の「偽メール」と執行部交代によって、一時は堀江を盟友のように扱った小泉純一郎政権の責任がウヤムヤになった第二幕、そして第三幕に至っては、民主党が渡部恒三国会対策委員長の訥々《とつとつ》とした弁解で信用を取り戻し、さらに小沢一郎の代表就任で注目を集め、衆議院補欠選挙に勝つなど情勢は二転三転した。こうした一連のドラマにおいては、政界だけでなく世論も巻き込んだ「場の空気」そのものが主役だったと言っていいだろう。

では、この一連の劇において、日本語が果たした役割は何なのだろう。例えば、いまは昔の話となった堀江騒動第一幕において、この「想定内」というセリフが流行語大賞を獲得したり、あるいは主役の堀江を「ホリエモン」というニックネームで呼んだりしたのは、空気とどんな関係があったのだろうか。

この事件だけでなく、世相の変化が起きるとき、常にそこには空気の存在があると言ってもよいだろう。「小泉劇場」「構造改革」「中国脅威論」「格差社会」など、どのテーマも「もっともらしい」課題のようでいて、実は論点は明確ではない。よく考えてみれば、こうしたスローガンの中身はほとんどが空気なのである。

こんなことでは「暴れるだけ暴れてみせるための日米開戦」や「過剰流動性の中での内需拡大」などという無茶が二度三度と繰り返されるかもしれない。多くの人間が一堂に会する場で、空気が場の全体を支配してしまった結果、決して合理的でない意思決定が、場全体の責任、つまりは誰も責任をとらない中で既成事実化する、この日本社会の特徴はまだまだ「健在」とも言える。

こうした「場の空気」の問題に関しては、故山本七平の『「空気」の研究』という名著がある。本書の第三章では、この「山本学」のアプローチに日本語の問題という観点を加えて二十一世紀の世相にぶつけてみようと思う。

日本語における空気の問題には、日本語の問題がその中心にあるのではないか。

一対一の「関係の空気」においては、元来は日本語はその強みを発揮するはずだった。だが、現在は空気の欠乏による日本語の窒息という形で関係性を病む結果が続々と現れてきている。

一方で、三人以上の集まる社会においては、日本語はその「空気発生機」として「場の空気」が猛威を振るうのを、どんどん煽《あお》っているように見える。

一体どうしてこんなことになったのだろう。

価値の相対化が進む中、コミュニケーションが高速化し、置き去りにされた「淋しい個人」がファシズムのように「大勢」に引きずられている、そんな解説も可能かもしれない。

だが、それは本書の目的ではない。

あくまで日本語の特性と現在の日本語の実際に注目しながら、日本語と空気の問題を解き明かすことはできないだろうか。そうした議論を通じて、コミュニケーションのツールとしての日本語の可能性を探ることはできないだろうか。そのためにまず、日本語と「関係の空気」のメカニズムを検討することから始めてみたい。

目次

第二章　日本語の窒息

第一章　関係の空気

「関係の空気」が高める日本語の伝達能力

話し手と聞き手の間が「関係の空気」で満たされるとき、日本語は高い伝達能力を発揮する。

「うーむ、というわけか」

「そういうことだ」

文字にすると間が抜けてしまうし、そもそも何を言っているのか意味不明だ。だが、中年男の二人連れが評判のラーメン屋でカウンターに座っているとしたらどうだろう。いかにもありそうな会話ではないだろうか。伊丹十三監督の映画『タンポポ』のおかげで世界中で有名になったように、このラーメン屋のカウンターという空間は、その空間自体が沈黙を迫ってくる不思議な場所のようだ。

だが、こんな暗号めいた会話を可能にしている空気というのは、ラーメン屋という環境ではない。そうではなくて、会話をしている二人の「関係の空気」に他ならない。

さて、この「うーむ」という会話の解読を試みるとすれば、どうなるだろうか。

まず妥当な解釈としては、

「うーむ、なるほど評判の店の味は大したものだ。こういう美味しさだったというわけか」

　ということではないだろうか。だが、百パーセントこの内容とは限らない。

「うーむ、名店の味も落ちたと聞いていたが、ここまでヒドいとは」

　というような全く逆の可能性もゼロではない。

　もしかすると、この二人、ラーメン業界の人間で、名店の味をスパイに来ていたのかもしれない。だとすれば、

「うーむ、この値段でこの味なら売れるのは当然だ」

　という意味かもしれない。これに加えて、二人がラーメンに箸をつける前に具体的な会話、例えばこの店はスープの味を変えたらしい、というようなことを話し合っていたとすると事情は変わってくる。

「うーむ、なるほど魚のダシを加えてきたか。その割にはしつこくないな」

　そんな極めて具体的な意味であった可能性もある。この二人が借金取りであれば、

「うーむ、ここまで質を落としているのか。資金繰りに窮しているかもしれないな」

　という意味かもしれないし、国税査察官なら、

「うーむ、原価は大したことないな、やっぱり利益を過少申告しているな」

　ということかもしれないのだ。

では、どうして男の二人連れは「うーむ」で始まる暗号めいた会話をしたのだろう。店の主人や他の客に内容を悟られたくない、つまりホンモノの暗号なのだろうか。そうではない。仮に商売敵や借金取り、査察官であっても、暗号の会話をする必然性はない。そもそも、その場では黙っていれば良いのだから。第一、秘密を守るための暗号の会話とわかれば、店の主人に怪しまれるだろう。

これは日本語に特徴的な省略表現である。フルセンテンスの文章よりも省略表現の方が、表現として強い効果があるのだ。例に挙げたラーメン屋での会話の場合がその典型である。ここで暗号を解読してみた解釈をおさらいすると、次のようになるだろう。

友人同士の場合　「このラーメンはうまい」あるいは「まずい」
商売敵の場合　「この値段でこの味なら競争力は高い」
借金取りの場合　「ここまで質を落としているのなら、夜逃げが近い」
国税査察官の場合　「容疑は固まった、早く脱税の物証を押さえなくては」

どうして、それぞれの場合に、男たちは正直にこう言わないのかというと、言ってしまっては面白くないからである。内容を省略した「うーむ」という会話の方がはるかに共感度が高いからである。それぞれの思いをより正確に、強く相手に伝えるために「うーむ、というわけか」というような、第三者には理解不能な表現を、意識的に行い、その会話を楽しんでいるのである。そして、そこには誤解の余地はない。

では、ここまで省略をしてどうして意味が伝わるのだろう。

ここに「関係の空気」の存在がある。

この空気とは、表面的な会話には出てこないが、会話の重要な要素として話し手と聞き手の間で共有されている情報のすべてである。

先ほどのラーメン屋における会話では、恐らくは次のような情報が共有されていると考えられる。

①ラーメンに関して、二人が交わしてきた会話のすべて。

②今回この店でラーメンを食べるに当たって、直前まで二人が交わしてきた会話のすべて。

③この店に入ってからの、特にラーメンを食べているときの二人の動作、表情などのすべて。

この三つの要素に分類できる。この三つの要素の全体がこの場の会話を成立させている空気である。友人としてラーメン談義をずっと楽しんできたとか、国税査察官としてペアで脱税の摘発に取り組んできた、というのは①であるし、この店に期待していた(あるいは味が悪くなっていると恐れてきた)とか、この店は脱税の疑惑がある、というのは②である。①は主として会話の背景にあるベーシックな価値観を固めるための情報であるし、②はこの会話に至るアクションの意味付けを決定的にする情報だ。そうした流れに乗って、③が意味を持ってくる。

このラーメン屋の例で言えば、本当は「うーむ」というような会話は必要ないのかもしれない。①と②が十分に確立していて、③の動作や表情に明らかなメッセージがあれば、例えば運ばれてきたラーメンにレンゲを入れてスープの味をみた途端に、自分の味覚に照らして「これはうまい」と感じ、同時に二人が顔を見合わせてそこに「ポジティブ」なものを感じたのであれば、もう言葉は必要ないとも言えよう。

何も、ラーメン屋の空間を神秘化しようというのではない。ただ、仮にこの会話の目的が「イエス、ノーに関する合意の確認」という極めてシンプルなものであれば、①から③でコミュニケーションが完結するということもありうるという事実を述べているだけだ。空気は、それだけで結論まで伝達することもある。

では、このラーメン屋の会話には意味はないのだろうか。

そうではない。短い会話だが、意味はあるのだ。それはお互いが①から③の空気を共有しているという確認作業であるし、それに加えて、ラーメンを食べ終わって何らかの結論を得たという完結感を、その空気自体に与えるという機能である。もしも、この「うーむ」で始まる短い会話がなければ、この二人にとっても、あるいは店の主人や他の客にとっても不自然な感じが残るだろう。

日本語はあいまいである、そんな言い方をよく聞く。確かに、この「うーむ」で始まる会話は、それだけを聞いたのでは何を言っているか見当がつかないし、このように状況に応じて意味が千変万化であるとすれば、あいまいという非難をする人がいるのもわからないではない。

だが、この「うーむ」で始まる会話は実際はあいまいではないのだ。①から③の情報がキチンと共有されていれば、意味は正確に伝わるのであるし、あいまいさの入り込む余地はない。本人同士では、コミュニケーションとして完結しているのである。

もっと言えば、このような省略表現こそが、この場にはふさわしいのであって、中味をすべて喋ってしまっては身も蓋もないのである。

「このラーメンはうまいな。入る前に君の言っていた通りだな」

「その通り。ダシの味も、麺のゆで具合も完璧だ。言った通りだろう」

という会話と、

「うーむ、というわけか」

「そういうことだ」

を比較してみると、前者の方が言葉の上での情報量は多い。だが、「共感性」は後者の方が高いのではないだろうか。この二人の親近感という意味でも、ラーメンがうまかったという意味でも、後者の方がコミュニケーションとして、より強い情報の交換だと言える。

なぜだろう。一般的に省略表現では、省略をすることで「空気を共有している」という親近感のメッセージを送りつつ、暗号解読のカタルシスを瞬間に感じているからである。そして、表現全体に一つのスタイルがあり、そのスタイルに参加する喜びもあるからだ。

共感性を高める若者言葉

日本語における「関係の空気」は世代を問わない。いわゆる若者言葉でもメカニズムは一緒だ。

女子高校生が二人、新学期に当たって新しい担任教師が教室に入ってくるのを待っているとする。誰が担任になるのかは、この瞬間の二人にとっては最大の関心事であろう。では、二人の前年の担任が持ち上がることがわかったらどうだろう。そして、この二人は、この先生のことを頭の固いイヤな先生だと思っているとすると、

「やべー、またあいつかよ」

そんな投げやりな表現になるのではないだろうか。若い女性同士で極端に親近感を表したい場合の「男言葉」を使っているが、まだ言葉は多い方である。

だが、学校でも有名な「カッコいい」独身の先生だったとしたらどうだろう。

「やば」

とても言って二人で顔を見合わせる、そんなことになるのではないか。

この「やば」は二重の意味で省略表現だと言える。まず文章全体に極端な省略がされている。また、「やば」は「やばい」の省略形だ。二重の意味で、贅肉《ぜいにく》をそぎ落とされた言語として、この「やば」は強い共感表現になっている。

ちなみに、この「やば」に関しては、最初の「やべー」がネガティブなこと（頭の固い前の担任の先生）への驚きという言葉本来の（とはいっても強いスラングであることは間違いないが）正統な表現であるのに対して、「やば」では元来はネガティブな形容詞「やばい」をポジティブな価値（カッコいい独身の先生）に対して使用している。意味が転用

される、あるいは逆転させられているのであり、それゆえに表現としてはさらに強くなっている。

ここでは、短縮あるいは省略を重ねることで表現が強くなる、言い換えればスラング度が増すと同時に、共感性つまり空気を作り出す機能が高まるということが言えるだろう。

短縮ということでは、固有名詞などの短縮形がこれほどまでに流通しているというのも、日本語に特有の現象だと言える。人名のキムタク（木村拓哉）、ブラピ（ブラッド・ピット）、ハリポタ（ハリー・ポッター、この場合は架空の人物だが）というような例も、短縮形には明らかな親愛の情がある。有名人に対する親愛の情という意味もあるが、同じ役者を好きなファン同士の絆、そんな空気の存在もあるのだろう。最近では山P（山下智久）のように、漢字にアルファベットというような凝った愛称まで登場している。もちろん、これも濃い空気を発生させるための表現だろう。

似たような短縮形として、アメリカにもイニシャルで呼ぶ習慣がある。例えば、アレックス・ジョーンズという男が「オレをAJと呼んでくれ」と言い始めて、以降仲間内ではAJと呼ばれるというのは一種の流行になっている。ただ、基本的には本人に決定権があるというのがアメリカ風であり、従って短縮形を使う人間同士のグループとしての親愛感のようなものは薄い。単に「AJ」君本人に向かって親愛の情と共に呼びかける機能だけである。

固有名詞だけでなく、コスチューム・プレイが「コスプレ」であったり、ヤング・エグゼクティブが「ヤンエグ」（時代遅れとなってみると実に不格好な言葉だが）というような省略、しかもそれがやたらに多いのは、日本語の特徴だと言えるだろう。

短縮のスタイルが好まれる理由はそれが共感性を高めるからだ。では本来ある言葉をそぎ落とすことで、どうして共感性が生まれるのだろうか。ここには「異化」効果と言うべきものがある。元来の表現から「オリジナルを類推できる範囲で何かが変化した」こと自体が面白く、その面白さが共感性を呼び込むということがあるだろう。

例えば、流行語としての省略形は、最初に使われたときが一番「受ける」のではないだろうか。例えば、『こちら葛飾区亀有公園前派出所』（秋本治作）という長い名前のマンガがある。いまでは『こち亀』という短縮形で呼ばれる方が多くなり、『こち亀』と言ってもあまりに当たり前で、面白くもおかしくもない。だが、最初に『こち亀』という短縮形が流行りだしたときには、「こちかめ？　何？　亀の種類？」という困惑の結果、『こちら葛飾区亀有公園前派出所』のことだと聞いて、「あっそうか」という驚きと、「なあんだ」という謎の解けたカタルシスという面白さを感じたに違いない。このカタルシスは、先ほどの「うーむ」という暗号めいた会話のカタルシスと同質のものだ。その驚きとカタルシスが、この場合はマンガに対する「面白い」とか「好き」という感情とセットになって空気を作り出す。

恋人たちの会話と濃厚な空気

空気の最も濃厚な会話といえば、恋人たちのそれだろう。

一緒にいるだけで楽しい二人の間には、多くの言葉は不要である。

「ねえ」

「何だよ」

「何でもなーい」

「そう……」

「へへへ」

「そうか……」

「そうなの」

「そうなんだ……」

文字にしてみるとバカバカしくなるのは、ラーメン屋の会話以上である。だが、本当に幸せな恋人たちの会話というのは、たいていはこんなものではないだろうか。

そんなはずはない、恋愛小説やＴＶドラマの恋人たちはもっといろいろ喋っているではないか、そう考える人もいるだろう。だが、小説やドラマの会話は百パーセントトリアルではない。それは物語や心理がフィクションだからではない。「セリフ」の中に、明らかに読者や視聴者へ「何かを説明する」ためのメッセージが埋め込まれているからである。

ところで先ほどの会話自体は、それはそれで一応のドラマになっているのだ。

女の方は「ねえ」と呼びかけておいて、「何だよ」と問われると「何でもなーい」と話題の明言から逃げている。そのくせ男は「そう」と妙に理解を示す。すると女は「へへへ」と改めて何かを示唆するように笑う。その示唆に対して男は勘を働かせて「そうか」と納得してしまう。ここまでの女の話法には、甘えと媚《こび》を混ぜた心理ゲームのようなものがあるが、男の方があっさり納得してしまえば、ゲームは終わりである。女は「そうなの」と男の納得を追認するしかなく一種の降参状態であるが、優しいキャラクターの男は「そうなんだ」と確認して女の追認を受け止めている。

無理矢理こじつけたような野暮ったい説明をしてみたが、言葉に出ている部分の解釈としてはそんなものだろう。

では、実際にこの「ねえ」から始まる会話では何が語られているのだろうか。それは第三者には全く理解不能である。ちなみに、ドラマや小説では、この種の会話が出てこないのは、「何を話しているか」を第三者が見てもわかるような情報を入れないで延々とやりとりをしては、間延びした印象を与えるという技術的な理由でタブーとされているからである。

だが、もちろんこの二人には「何を語っているのか」は明白なのだ。もしかしたら、愛情を告白しようというのかもしれないし、親の同意が得られなくても一緒に暮らす決意をしようとしているのかもしれない。そんな深刻な話ではなくて、単純にこの後でコンビニに寄ってアイスクリームを買おうという相談なのかもしれない。

そして、具体的に話題そのものを口にしないことで、二人は親密の度合いを楽しんでいるのである。

こうした会話は、これで十分に自然なのだ。なぜならば、非常に濃い空気がコミュニケーションの前提になっているからである。

人の死という厳粛な空気

空気の中で最も重苦しいのは、人の死をめぐるものだろう。

重病の患者が相当の衰弱を見せている。呼吸の間隔が長くなり、モニターの示す脈拍も弱まった。もうこの状況で、その場の空気としては沈黙が支配している。

やがて決定的な瞬間がやってきたとき、医者は何と言うだろうか。

「ご臨終です」

というスタイルがまずある。だが、

「午前一時二十八分でございました」

と死亡時刻を告げることで、死を示唆するスタイルもあるだろう。

中には、医者は頭を下げるだけというケースもあるだろうが、それでも家族は理解するだろう。いずれにしても、言葉は最小限であって、言葉以外の時間と空間は空気が支配しているのだ。

この場合の空気とは何だろうか。それは宗教的な厳粛さだけではない。もしかすると、臨終の席に集まった人間それぞれが全く別の思いを抱いているのかもしれないのである。

ある人間は、回復を祈るような気持ちで願い続けるだろう。

ただただ悲しくて放心状態の人間もあるかもしれない。

死につつある人間から会社なり家族なりの責任を継がねばならない人間は、野心か不安の満ちあふれるのを感じているだろう。

厳粛な顔をして、遺産相続の計算を腹の中で始めている人間もいるだろう。

自分の方が後まで生き残る、その勝利感に酔いしれている人間もいるかもしれない。

医者の方もいろいろだ。

家族の悲しみを自分のことのように思う医者。

死亡の瞬間を間違えてはいけないと緊張する医者。

これでこの患者の治療行為は終わりだな、と内心では冷たく突き放している医者もいるかもしれない。

思いは違っても、とにかく人の死というのは厳粛な事実には変わりないから、思いを口に出すことはしない。また、口に出すのは憚《はばか》られるので沈黙に身を任せているという面もあるだろう。重苦しい空気の中で悲しみを感じている者もあれば、その空気をよいことに沈黙に逃げつつ勝手なことを考えている人間もいるかもしれない。いずれにしても、その重苦しい空気、つまり人一人が死んだという事実の重さは共有されている。

通夜や葬儀の空間も、同じような空気が支配している。

「何と申し上げたらよいか……」

「いいえ、こうしてお越しくださっただけで……」

弔問客と、喪主の側の間で交わされる会話といえば、こんなところだろう。

試しにこの二つのセリフをフルセンテンスにしてみれば、

「何と申し上げてよいやらわかりません」

「いいえ、こうしてお越しくださっただけで十分でございます」

ということになるだろうが、明らかに空気の厳粛さは薄まってしまう。まるで、弔問したほうは義理、応対した方は故人の遠縁というムードに変わってしまう。

なぜだろうか。それは、故人の死が悲しければ、それは言葉にならないのであって、死の悲しみは沈黙によって表現されるからである。

「いやはや、惜しい方を亡くされましたな。何ともお悲しみでしょうな。全く、何と申し上げて良いやら見当もつきませんが、まあお年がお年ですから、天寿を全うされたということで、いやいや、こういう申し上げ方は失礼でしたかな。とにかく、ご家族はお疲れが出ませんよう、お気をつけになって、まあお葬式で気が張っていらっしゃるときはよいんですが、一段落して落ち着かれたときが、身体を壊したり、いろいろと大変ですから……どうぞお大切に。いやはや、とにもかくにも、ご愁傷様なことで」

実に完璧な弔問の挨拶である。言葉のどこにも不適当な部分はないし、誠意も十分に入っている。重複もない。だが、こんな風にベラベラ喋られたのでは、応対した方も、他の弔問客もあまり愉快ではないだろう。とにかく、うるさいのである。喋れば喋るほど、人の死という厳粛な空気を乱すだけだからだ。

勝海舟と西郷隆盛、腹芸の空気の対等性

厳粛な空気を使って言葉を省略するコミュニケーションは、腹芸と言われる伝統的な会話様式にも通じる。

歴史上最も有名なのは、戊辰戦争のさなか、官軍の江戸城総攻撃を前にして品川の薩摩屋敷で行われたという、官軍代表の西郷隆盛と、幕府側代表の勝海舟の会談のケースであろう。

攻撃側と防衛側、新政権と旧政権という完全に利害の対立する二人が、極端な省略表現といえる「腹芸」の結果、江戸無血開城という結論に至ったエピソードは有名である。後世、勝が語った記録（『氷川清話』）によれば、交渉では多くのことは語られず、開城に当たっては抗戦せず、という勝の申し入れを、

「いろいろむつかしい議論もありましょうが、私が一身にかけてお引き受けします」

という西郷の一言で決したのだという。

生と死、滅亡と勃興という対立の中で、どうして腹芸が機能したのか、それは非科学的な「言霊《ことだま》」のなせる業なのか。もちろん、違う。西郷と勝は空気、つまり巨大な前提条件を共有していたのである。それは「官軍対幕府軍主力」の紛争を解決したいという共通の目的であった。お互いに戦闘と和平のそれぞれにメリットとデメリットがあり、囲碁将棋

のようにどちらかが動くことで相手の次の手が変化すること、さらには彰義隊の抵抗の可能性や、東北地方の帰順問題など、複雑な要素もあったに違いない。何よりも、お互いの立場も、人格もわかっていたということがあるだろう。

この「江戸開城の腹芸」は、「禅のような無の空間」ではなく、膨大な情報量、それも冷徹な事実認識と、合理的な判断が凝縮された空間といって構わない。そして、それ以上でも、それ以下でもないのだ。

日本人のコミュニケーションが「あいまい」であるとか、「情緒的」だと批判する際には、この「西郷－勝」会談が例に挙げられることが多いようだ。だが、明らかに共有されている情報が十分であって、なおかつ意思決定は重要で困難、そして交渉の当事者はお互いの人格を知り尽くしているのだとしたら、その交渉の場には言葉によるコミュニケーションを必要としない十分な空気があったのだと言えるだろう。

だが、仮に共有されている情報が明らかに不足していて、なおかつ言葉がそれを補い得ない場合には、コミュニケーションは完結しない。同じ西郷が、参議辞任から帰郷、挙兵そして自刃に至る過程で見せた沈黙においては、恐らくは、そうしたディスコミュニケーションが存在したというべきだろう。

西郷と勝の会談は、新旧政権を代表した対等のものであった。『氷川清話』によれば、

「このとき、おれがことに感心したのは、西郷がおれに対して、幕府の重臣たるだけの敬礼を失わず、談判のときにも、始終坐を正して手を膝の上にのせ、少しも戦勝の威光でもって敗軍の将を軽蔑するというようなふうがみえなかったことだ」

とある。

空気を使ったコミュニケーションにおいては、双方が対等であることが重要な要素になっている一例である。

上司と部下における「関係の空気」

ここで言う対等とは、必ずしも社会的な地位の対等を意味しない。例えば、ビジネスの環境における、上司と部下の一対一の会話という場合はどうだろうか。

東京の会社に勤めていて、関西方面の営業を担当しているセールスの人間がいたとする。担当が関西だから、セールス活動のためには出張しなくてはならない。日本の会社では、通常こうした出張には上司の許可が必要である。その場合に、どう言って出張の許可を求めることになるのだろうか。

「申し訳ありません。出張しなくてはならなくなりました。許可していただけますか」

という風に下手に出ながら、決定権を持つ上司の機嫌を損ねないようにするのが普通だろう。出張という大変な仕事に出かけるのだから、堂々と旅費を請求してもよいはずだが、普通はそうしない。とにかく、カネを使う話を下から上へ持って行くときには、そうしなくてはならない空気があるからだ。

この場合の空気とは一体なんであろうか。

まず、上司との関係を良くしたいということがあるだろう。どうして関係を良くしたいかというと、上司は経費の承認だけでなく、その職場のほぼ全権を握っており、その上司と良好な関係を築くことは自分の仕事をスムーズに進めるために必要だからだ。さらに、終身雇用を前提としつつも、リストラの危険もないわけではない現在の日本の雇用環境では、自分の地位を守るという意味でも、上司との人間関係は重要だろう。

従って、下手に出るのが自然だという空気があるのかもしれない。ところで、関西方面への出張というのは、比較的大きな許可事項である。その会社がよほどルーズな会社か、そのセールスの人間が「行けば即座に大量受注」などというカリスマ的な営業をしているのならともかく、通常は「右から左へ」ハンコがもらえるものではないだろう。

そこで許可を求める言葉は、実際はもっと複雑にならざるを得ない。

「部長、またかとおっしゃるかもしれませんが……」

と相手の非難を先回りしておく先手戦法。

「今度は、必ず契約を取ってきます。もう一押しで何とかなるんです」

と具体的に効果を強調する方法。

「前回はダメだったので、今度は……」

と許可の出なかった前回のことを持ち出しての取引。

「悪い結果にはなりませんから」

などという空手形。

さらには、

「お願いです。今度ダメなら、担当を外されても仕方ありません。もう一回チャンスを下さい」

などという悲劇的な演出を行う場合もあるだろう。

逆に、

「いやあ、昨日のイチローと城島はすごかったですね。部長もご覧になったでしょう。この調子で三連勝を……ってのは甘いかなあ。エンゼルスの投手陣は手強いですからね。あっ、ところで、すみません、いつもの申請書なんですけれど……」

などと雑談で雰囲気を作っておいて、ハンコを押させる、そんな作戦もありそうだ。

では、日本の会社員はどうして上司の顔色をそこまで気にするのだろうか。この空気の正体は何なのだろう。単に良好な関係を維持しようということなのだろうか。会社の組織が強いヒエラルキーを抱えた階層社会であって、部下は上司に対して全人格的に服従しなくてはならないのだろうか。上司自体がプレッシャーの中で仕事をしており、経営陣に対して同じような服従を強いられている中で、精神的な虐待の連鎖のような空気が主従の間に横たわっているのだろうか。

そうではない。

日本の企業社会では、実は上下関係の中にも、お互いを対等な個人とみなす柔軟なコミュニケーションが生きているのである。

出張旅費の申請を例にした分析を続けてみよう。

仮に、これが共産主義時代のソ連であったらどうだろう。

「同志、本職の出張の件ですが」

「おお同志、そうであったな。許可する。成功を祈る」

で終わりだろう。戦前の日本の陸海軍でも似たようなものではないだろうか。上司や上官は全権を掌握しており、部下の申請に対してはイエスかノーのどちらか明快な判断が下り、部下は絶対服従である。

現在のアメリカではどうだろうか。

徹底したリストラの進んでいるアメリカのホワイトカラー社会では、この種の申請はEメールが普通だろう。

「A副社長殿、見込み客Bへのセールス活動のため、小職はC方面へ出張します。総予算は一千二百五十ドル、予算の詳細は添付出張旅程表の通り。何か問題があれば、おっしゃってください」

ということで、実際は上司から「良いフライトを」というような返事が来て「許可」になるのである。

一見すると、部下に権限が大幅に委譲されているように見える。確かに部下には権限がある。出張の際にどのホテルに泊まるか、接待にはどんな場所を選ぶのか、任された以上は個人裁量である。日本の会社のように、細かなカネの使い方について上司が口出しすることは少ない。だが、会社のカネを使った結果、成果が上がらなければどうだろう。「良いフライトを」と簡単に出張を許可した上司は、今度は「君には出ていってもらうしかないな」とあっさりこの部下をクビにするだろう。

日本の企業社会では、コミュニケーションはもっと複雑である。

仮に出張の結果、営業の成果が思わしくなくても簡単にはクビにはならない。中には、「君は営業は向いてないな。でも、いい経験になっただろう。顧客があそこまで耐久性にこだわるというのは現場を歩いてみないとわからないものな。研究所に行ったら良い製品を作ってくれよ」

などと言われて、セールスは失敗でも栄転ということだってある。アメリカでは逆立ちしてもこういうことはない。そもそも、研究所の人間にキャリアパスの一環としてセールスを任せることがないからだ（もちろん、専門知識を持ったセールスというのは製薬やITの業界にはあるが、それはそういう職種としてあるだけだ）。

だが、これは日本の企業社会の柔軟性を示す例としては特殊だろう。

日本の企業社会の持つ柔軟な空気は、例えば出張旅費の管理について言えば、こんな形で現れる。

「部長、遅くに電話してすみません」

「こんな時間に何だ。吉報じゃないと許さないぞ」

「そ、それが」

「何だよ。成約とかじゃないのかよ」

「ええ、実は先方から急に工場でのプレゼンを要求されまして」

「何だよ、面倒だな。ちゃんと脈はあるんだろうな」

「わかりません。とにかく、スペックだけではわからない部分を聞きたいというので」

「しょうがねえなあ。じゃあ、もう一泊してこい。接待費も要るのか」

「部長、恩に着ます」

「バカ、恩に着るって、まだ認めてないぞ。しょうがねえなあ」

表面的には、上下が馴れ合っているように聞こえる。上司は威張っており、部下は従順な言語表現に終始している。会話全体の空気は、支配と服従のポリティクスとして機能しているように聞こえる。だが、実際にここで起きていることは、それほど単純ではない。まず、この会話には、実は馴れ合いの要素は少ない。では、部長は経費抑制の立場から管理しようとしていて、部下はカネを使いたがっているのだろうか、それだけではないのである。

この二人には共通の価値観がある。それは「経費を最小にして売り上げを最大にしたい」つまり「利益を極大化したい」という強力な価値観だ。その価値観に立って、突発事態（見込みクライアントから工場でのプレゼンテーションを要求された）に対して、意思決定をしようとしているのである。情報は限られている。もしかしたら、セールスに成功するかもしれない。だが、失敗の可能性もあり、失敗すれば経費はムダになる。

そんな状況の中で、この二人は共同して最善の意思決定をしようとしているのである。これが、この場合の空気の正体であろう。そこには、ドグマや規則に縛られた不自由な姿はない。十分に真剣であり、事実に対しては謙虚であり、柔軟に現実に対処しようとしている。その柔軟な意思決定に、こうした「ねちっこい会話」の空気が必要なのである。

例えば、部長の「吉報じゃないと許さないぞ」とか「面倒だな」、あるいは「しょうがねえなあ」、「バカ」といった言葉は、悪態でもないし権力行使でもない。また部下の「すみません」とか「実は」というのも、貧しい自己卑下ではない。あくまで「決定し責任を取るのは上司」という組織の機能上の枠組みを確認しながら意思決定を模索しているだけなのだ。

この空気は支配と服従の息苦しい関係ではない。ベーシックな価値観に支えられつつ現実に対処しようという柔軟性がある。日本の企業社会の強さは、こうした言語空間を持っていた点にある。

もっと言えば、ここには上司と部下の間に対等の人間関係がある。言葉の上では、上司が威張っていて、部下は上司の顔色をうかがっているようにも見える。だが、ビジネスを通じた利益を最大にしようという価値観を共有する中で、上司といえども仮に判断を間違えれば、部下に対して謝ったり訂正したりする柔軟性はあるに違いないし、部下にしても上司に事実認識の修正を迫ったり、経営陣への強い根回しを要求するような一種の下克上的な言動も許されているのではないだろうか。

「部長、予算取ってきてくれなくちゃダメじゃないですか」

「悪いなあ。まあ役員会のムードが悪くてなあ、開発投資なんて言い出せるムードじゃなかったんだよ」

「どうせ、反対したのは銀行派遣の連中でしょう。奴らに、ビジネスチャンスの見極めなんか、させるのがムリなんでしょうね」

「何だ、バカに物わかりが良いじゃないか」

「そんなんじゃありませんよ。でも、こうなったら部長が役員会で、ガンガン議事をリードしてくださらないと……」

「アホなこと言うな。お前らが良い製品開発してくれないと、それどころじゃないよ」

企業が成長期にあり、人材がその才能を発揮できているときには、こんな空気が仕事を進めるように作用していたのだろう。


「関係の空気」は対等な会話スタイルを要求する

話し手と聞き手の間に、空気のあるとき、話し手と聞き手の関係性は会話のスタイルにも反映してくる。

一言で言えば、会話スタイルが対等になっていくのだ。

いまの、部長と部下の会話でもそうだ。部下は「です、ます」の敬体に加えて尊敬語も使ってケジメをつけているが、その枠内で、いやその枠に支えられるようにして両者は対等な会話スタイルを維持している。内容を踏まえながら、この二人の発話を想像してみれば、語気という面では部下の方が「押し気味」ではないかと思われるぐらい対等なムードが想像できる。

会話スタイルということで言えば、最初の例に挙げたラーメン屋の場面もそうだ。「うーむ」で始まる短い会話では、二人の間に言葉の上でのスタイルの違いはなかった。とりわけ、この場面の空気を使ってその空気を維持するために重要な「省略話法」という点でもそうだ。

恋人たちの会話にしても、西郷と勝の会談にしても、この対等な会話スタイルということが実現されている。

葬式のシチュエーションの場合などでは、会話スタイルを対等に保つことは「マスト」であるかもしれない。家族が言葉少なである状況で、弔問客が一方的にベラベラ喋るなどということは、その場の空気からして許されることではない。

日本語の会話における空気は、対等な会話のスタイルを要求する。これは、われわれが想像する以上に強く言語のスタイルを規定しているのだ。

例えば、相手が外国人で、日本語は初心者である場合、実に珍妙なことが起こる。

「コンニチハ」

（そもそも発展途上の日本語、英語なまりの日本語をカタカナ表記すること自体が、外国人の日本語を特殊視しているようで、あまり感じの良いものではない。だが、ニュアンスの欠落した日本語は、通常の日本語とは分けて考えないとダメなのである、その意味で、初心者の日本語はここでもカタカナ表記する）

「えーと、こんにちは。日本語お上手ですね。日本、好きですか？」

相手が「日本語初心者」だとわかると、このように日本語のネイティブが日本語の重要な要素である助詞を外した「変な日本語」を話すことがある。相手の日本語を向上させてあげるには、何よりも「正統的な日本語」のお手本を見せなくてはならないのに、なぜかそうなるのだ。そうすると初心者の方は、本当に助詞を抜いてもよいのかと勘違いをしてしまう。

「ソウネ、ニホン、スキ……ダイスキ」

実は、日本語教育においては、〈A「は」B「が」好きです〉という構文は、助詞の使い方が難しいので必ず丁寧に教えることになっているのだが、日本語のネイティブが助詞を抜いてしまってくると、初心者の方もダレてしまうのは確実だ。とにかく、こんな形で「初心者向けの変な日本語」という会話スタイルができあがってゆく。

「そうですか。フジヤマ、スシ、アキハバラ……わかりますか？　ハハハハハ……」

日本人側としては、「相手が分かっているか」心配しながら「ちゃんとした」日本語会話をしなくても良いのだ、という感覚にリラックスしてしまう。人のよい外国人の方も、教室で怖い先生に習った助詞の「は」と「が」の使い分けなど必要ないと思って、こちらもリラックスしてしまうのである。

とにかく、相手が初級の場合は、そんな感じで誤魔化しながらわざと会話を破綻させ、後は英語で商談した方がお互いがハッピー、そんなことになるのがオチである。実はここには深刻な問題がある。日本に留学した学生などからは「日本人は自分たちを相手に真剣に日本語を話してくれない」というような不満につながりやすいからだ。

だが、この場合は日本語のネイティブは何もふざけているのではないのだ。確かに「相手の理解度を測りながら、相手のわかる範囲で正しい日本語を」話すなどという面倒な作業を嫌がる気持ちもあるだろう。けれども、それが主な理由ではない。

日本語は、親密な一対一の会話の場合には、対等な会話のスタイルを要求するのである。

このような極端な場合、つまり一方が日本語初心者のような場合では、日本語のネイティブが無意識のうちに助詞を抜き始め、怪しい日本語になって、最後は笑い話のような珍妙な会話になるのもそのせいである。別の言い方をすると、日本語の会話スタイルは「相手がわかっていないのに、こちらだけ正確な日本語を話し続ける」というような空気を許さないのである。

相手に合わせて、そして時には勝手な先回りもしながら「フジヤマ、スシ……ハハハ」などという訳のわからない「変な日本語会話」に持っていってしまうというのは、それが唯一相手との空気を維持する方法だと無意識に判断しているからなのだ。無意識のうちに、そして恐らくは間違った行動であるにもかかわらず、日本語は対等の会話スタイルを要求するのである。

外国人相手の日本語というと、相当に特殊な話だと思われる方もあるだろう。

だが、幼い子供相手という局面ではどうだろう。

久しぶりに会った四歳児の姪《めい》に対する三十五歳の「おじさん」の場合を考えてみよう。

「あのね。おじちゃんって、パパのおともだちなの？」

さて、四歳児からこう聞かれた男三十五歳はどうするだろう。

「君の叔父である私は、君のお父さんの友人ではない。弟だ。理解したかな？」

こんな風に喋る「叔父」はいないのであって、普通は次のような会話が自然だろう。

「おじちゃんは、パパのおともだちじゃないよ。パパの弟なんだよ。ルミちゃんわかるかな」

「わかんなーい」

四歳の女の子に「わかんなーい」などと言われてひるんではいけない。このルミちゃんには、二歳の弟の「しゅん君」がいたとする。ならば、こんな説明を試みるべきであろう。

「ルミちゃんにはしゅん君がいるでしょ。おじちゃんは、パパのしゅん君なんだよ」

「そーか、おじちゃんのパパとママは、パパのパパとママとおなじなんだね」

「そうなんだよ。えらいねー、ルミちゃんは、さすが大きいおねえちゃんだねえ」

ということで、見事にコミュニケーションが成立する。これも空気を維持するために、無意識のうちに会話のスタイルの共通化が図られているのである。三十五歳の男が、自分の一人称として「おじちゃん」を使うからといって、笑ってはいけない。この会話スタイルは「ルミちゃん」が幼児語しか理解しないだろうという冷静な判断に基づいて行われるのではなく、あくまでも会話の空気を維持するために無意識のうちに行われるのだと言って良いだろう。

方言も同じだ。

その方言での会話は地元では、それが普通の言葉であって何の不思議もない。だが、故郷を離れた場所で「お国言葉」を聞くと、たまらない懐かしさを感じるものだ。石川啄木の有名な歌に、

ふるさとの訛《なまり》なつかし　停車場の人ごみの中に　そを聴きにゆく

というのがあるが、これは方言という言葉自体が懐かしいだけではなく、その言語のスタイルが持っている空気が懐かしいのだ。久しぶりに方言を聞くと、故郷の風景や人の顔がよみがえる、そんなことを言う人も多いが、これも極度のホームシックにかかっているというよりも、言語のスタイルが空気と結びついているからであろう。

十年以上も昔、アメリカ西海岸の日系企業に駐在している日本人の経理マンから、こんなことを聞いた。自分はアメリカに来て啄木の歌の意味が本当にわかったのだという。ロサンゼルスの国際空港に「ふるさとの訛」を本当に意味もなく聞きに行くことがあるというのだ。

意に反して海外に派遣されている彼の苦労が偲《しの》ばれ、何とも言えない気持ちになったのだが、この経理マンの場合も、アメリカで英語に苦労しているとか、日本語に飢えているということの本質に空気の問題があったのだろう。空気を感じながら日本語を使うことで、自分が安心できる、それが満たされないときに、「訛なつかし」という感情が止められなくなったのではないだろうか。

「関係の空気」と業界用語

どうやら空気というものは、言語スタイルに関係が深いようだ。

例えば業界の専門用語などに「引きずられる」現象のことを考えてみよう。

空港のチェックインカウンターで、先を急ぐ客に対して航空会社の係員がこう告げたとする。

「お客様、申し訳ありませんが、○○便は、機材繰りのため欠航しますので、△△便に振り替えさせていただきます。いま、お席をお調べしますので……」

便がキャンセルされたのを「欠航」というのはまあ普通の日本語の語彙《ごい》と言って良いだろう。だが「機材繰り」というのは明らかに業界の内輪言葉である。ちなみに鉄道業界であれば「折り返しの車両がございませんので」というようなもっとわかりやすい表現をするだろう。だが、どういうわけか航空業界では業界用語を消費者の前で使う習慣が強い。ところで、こう告げられたカウンターの客であるが、この言葉に「引きずられる」ことがあるのだ。

「機材繰りって言ったって、困るねえ。△△便では二時間も遅れるし、何とかならないかねえ」

こんな感じで、無意識のうちに「内輪言葉」に引っ張られることは、往々にしてあるものだ。その業界の人間ではなくても、飛行機の話をその業界の人間としているうちに「シップ」がどうの、「エクイップメント」がどうの、「ランディング」がどうのと言い出すし、TV局の人と話していれば「だいぶ押してたけど、巻きを入れてたようだね」などと平気で話すようになる。

これは、何も専門用語を話すことで「業界の内部の人間」を気取りたいということや、専門家からバカにされたくない、という意識だけではないのだ。とにかく、相手と同じ会話のスタイルを使って、「関係の空気」を維持したいという無意識の判断が大きいのではないだろうか。

空気を維持するために、話し手と聞き手の間で会話のスタイルが共通化されるように選択されていく、この作用は時には、新語や造語が濫発《らんぱつ》され、瞬く間に広がっていく原因ともなる。また、日本語の初心者や、幼児に対して「正統的な日本語」を会話を通じて教えることを阻害しているということも指摘できる。特に日本語が国際化する中で、「学習途上の日本語」を喋る人間が日本社会に増えていく時代には、学習者の日本語を「上手ですね」とほめながら「外国人の日本語」の枠内にとどめて安心するのではなく、しっかりと日本語で「相手をしてゆく」話法の開発が必要であろう。

だが、そのような問題はあるにしても、個別の一対一の会話においては、日本語は「関係の空気」を利用することでコミュニケーションの質を確保してきたのは事実である。空気を使って情報の効率を高めてきたのも事実なら、空気を使って、濃密な情感を表現したり、抽象度の高い価値観の共有を確認したりもしてきたのである。

気心知れた同僚同士で、家族の中で、あるいは恋人や友人同士で、自明の前提は省略して話したり、お互いだけに通じる略語や隠語を持っていたり、そして何よりも共通の会話スタイルを持つことは、すべて空気を共有するためなのである。

空気とは日本語のコミュニケーションにおける、重要な要素であると言わなくてはならない。なぜならば、空気とは一対一の関係性そのものだからだ。

第二章　日本語の窒息

空気が欠乏するとき

関係の空気というのは、実に正直なもので、空気が薄くなるとそれは言葉に表れてくる。

例えば、職場の会話がそうだ。第一章で見てきたように、上司と部下の間が良好な場合は、関係の空気に守られて、「オイ、あの件、まあよろしく頼むよ」「ハイ、あの件ですね。じゃあ、あっちより優先するよう言っときますから」というような会話になることが多い。

それがある日、

「部長、私、ちょっとお話があるんですが」

と、部下が切り出したら……これは大変である。妙に丁寧な言葉づかいに加えて、日本語の会話では異例の一人称の主語「私」として物申すというのだ。ヘッドハントされて突然退職するのか、それとも品質管理上の大トラブルに巻き込まれたのか、あるいは他部門のスキャンダルについて内部告発をするから守ってくれというのか、いずれにしても尋常ではない。

夫婦関係もそうだ。日本語の夫婦の会話というのは、「オイ、お前」とか、「ねえ、ちょっと買い物に連れて行ってよ」などと、家庭という安楽な空気によりかかって省略語法で流すのが普通である。

だが、ある日、妻が突然、

「すみません。私、話があるんですけど。あなた、聞いていただけますか」

などと切り出したら、これも大変である。「私」というのもそうだが、さらにはもっと異例な二人称代名詞の「あなた」まで登場しているのだから穏やかではない。家計の破綻、子供のトラブル、別れ話……最悪の事態を想定してかかるべきであろう。

だが、こうした例のように「改まった」言葉にスイッチすることで、何とか会話が続くのならまだよい。空気が完全に切れてしまうと、会話も窒息状態に陥る。

会社が大変なことになった。上層部の不祥事に、金融不安も重なっている。このままでは取引先の信用を失いかねない。そんな場合になれば、いくらおとなしい日本の部下も、上司に詰め寄ることになるだろう。

「部長、一体どうなっているんですか。新聞読んではじめて事態を知る、なんてことじゃもう外回りはできませんよ」

「まあ、そのなあ、ちょっと待って……」

「部長、隠そうったってダメだ。銀行が入ってくるんでしょう。いや、その先もあるんじやないですか。大手と合併させられるとか、まさか倒産……じゃないでしょうね」

「……………」

「黙ってたってダメですよ。何か知ってるんなら言ってくださいよ」

「……………」

このような場合に、上に立つ側はよく沈黙に走る。これは、何も最悪の事態（この場合は、倒産と全員解雇）でなくても起きうる。この部長は面倒だから黙っているのではない。また部員とは利害が対立しており、何か発言すれば裁判沙汰までありうるから黙っているのでもない。ただ、こうした緊張した局面における会話の様式を知らないのだ。上司と部下の間にあった、暗黙の了解事項、つまり会話の前提となる空気が消えうせた状態では、そもそもどんな会話スタイルで接していいかわからなくなる。その結果の沈黙というのが適切なのではないだろうか。

そう言えば、バブル崩壊以降の日本社会では、そんな「空気の欠乏」という現象が至るところで起きているようなのだ。それによって、日本語が通じなくなってきている。

少し考えてみると、誰もが「話が通じなかった」とか「会話が途切れて気まずい思いをした」という経験をしているのではないだろうか。そして、ここ十数年、そんな経験が少しずつ増えているのではないか。

問題を前にして、何も言葉が出ない。

明らかな対立があるのに、歩み寄れない。いや、その前に対立そのものを浮き彫りにすることもできない。

明らかに傷ついている人がいるのに、慰めることができない。

気まずい雰囲気が濃くなっていても、その場を救う言葉が出ない。

世代が違うだけで、全く共通言語がない。

男と女、教師と生徒の間で自然な会話が成り立たない。

そんな中、空気が欠乏し会話が破綻する。やがて沈黙が支配する「日本語の窒息」の瞬間がやってくる。そんな事態が増えてきているのではないだろうか。それは、かつて日本語のコミュニケーションの中に色濃くあった「腹芸」とか「あうんの呼吸」といわれる雄弁な沈黙ではない。

時代の閉塞感と日本語の窒息

人を傷つけ、問題を放置し、無力感と不信感の中に人々を放り出す、そんな「日本語の窒息状態」が社会に満ちているとしたら、そのこと自体が時代の閉塞感といっても過言ではない。

例えば二〇〇六年現在、毎年三万人というラインをキープしてしまっている日本の自殺者数だが、その中でもとくに目立つのが九〇年代後半以降の中高年男性の自殺者の急増である。

政府は二〇〇五年の年末になって重い腰を上げ、十年間で自殺者を五千人減少させるという「数値目標」を立てて見せた。目標がゼロでないところで現実味を出そうという、何とも苦しい発表である。具体的な方法としては、学校や職場にカウンセラーを派遣するというのだが、私はそれ以前に日本語の問題、とりわけ「日本語の窒息」の問題が大きいのではないかと思う。

自殺理由の中で、リストラを苦にしてという場合を例に取ってみてみよう。

例えば業績が不振の会社で、社員を解雇しなくてはならない場合に、その通告はどんな「日本語」で行われるのだろうか。

具体的な解雇事由や退職金などの条件を説明し、会社の傾く中でやむを得ない措置であることを納得させる、その上で今後の「身の振り方」には個人的に力になるから……というような形で、その場だけでも円満に「通告」ができるケースはまれだろう。

逆の場合はどうだろう。解雇される側が「これは不当ですね」と言って、組合で問題にしてもらうなり告訴を検討すると言って胸を張る、会社側も「では、こちらも主張すべきは主張しますよ」と言って、お互いに真っ当なケンカに持ち込むケース、これも少ないのではないだろうか。

多くの場合は、会社側は「こういうことになった」と通知書を突きつける、「こういう通告はオレもイヤなんだけどね」と半端な人間味を見せる、というのが普通だろう。中には、「お前のセールスがダメなんで、課長のオレの評価も下がったんだ。もう顔も見たくないよ」などと言葉の暴力で追い討ちをかける上司もいるのではないだろうか。

言葉にならずに書面を見せて逃げる、中途半端に同情する、さらには言葉の暴力を浴びせる、そのいずれのケースも、まともな会話ではない。

気まずい沈黙の支配する「日本語の窒息」がそこにはある。

考えてみれば、日本で会社勤めをするということは、日本語を駆使してさまざまな課題を解決し、人間関係を保つ努力の集積である。その会社勤めの最後の瞬間が、気まずい沈黙であったとしたら、解雇される人間は最終的に全人格を否定されたような印象を抱くに違いない。これは極めて危険なことである。自分が人生設計のすべてを託していた終身雇用契約が消滅した、あるいは帰属する集団からはじき出された、そんな概念としての悲劇も大きいだろう。だが、落ち込んで危険な状態になった人間の脳に対して、この「気まずい沈黙」が最後の一撃になる、そんなケースも多いのではないだろうか。

最近の中高年の自殺者は、遺書を残す例が少ないのだそうだ。妻にも、子にも、友人にも、何も告げずに死んでいく。ここにも「日本語の窒息」がある。

かつて、自殺者は壮大な遺書を残した。明治時代の学生、藤村操《みさお》は「万有の真相は不可解」と書き残して華厳の滝に飛び込み、社会に衝撃を与えた。

横溝正史の小説『八つ墓村』のモデルにもなった津山三十人殺しの犯人、都井睦雄は、周到な遺書を用意した上で大量殺人を実行した。そして凶行の果てに、その感慨を綴った最後の遺書を認《したた》めている。

三島由紀夫は『豊饒の海』四部作という壮大な遺書を残している。

犯罪者の都井、文学者の三島あるいは藤村というのは特殊な例であって、現代の自殺者と比較するのは不適当かもしれない。だが、あらゆる自殺はやはり特殊な行為である。その特殊な行為に当たって、何も残す言葉のない人間が大勢いるというのはやはり異様だ。

父親が遺書を残さずに自殺した場合、残された子はその死の意味を自分で推察するしかなくなる。

父親の勤務していた会社に落ち度があった、例えば違法な過剰労働を強いていたというのであれば、その会社に責任を転嫁することもできる。だが、そんな過労死の立証もできず、遺書もない場合は、遺児たちは「親に放棄された」という傷を負ってしまうのだという。もちろん、彼らは父親よりもずっと力強く生きてゆくだろう。だが、ここにもある種の「日本語の窒息」がある。

自殺者といえば、インターネット上で知り合った「自殺サークル」の問題もある。

こうした「自殺サークル」が気味悪がられ、政府が規制に乗り出していると聞いて、最初私は「自殺志願者が知り合うことで、甘美で濃密な会話を楽しみ、堂々と死んでいく」のではないかと思い「社会が非難するのは一種の嫉妬心だろう」、そう見ていた。だが、日本に住んでいる友人に指摘されたのだが、これは誤解だったようだ。

ネットで知り合った自殺志願者たちは、自殺に至った身の上話などほとんどせずに、単に自殺の覚悟だけを共有して、あっけなく死んでいくのだという。確かに不気味といえば、不気味であるし、何とも救いのない話である。ここにも、絶望的なまでの「日本語の窒息」がある。

では、どうしてこうした日本語の窒息といった事態が生じるのだろう。

それは、現代という時代を生きる上で対処しなくてはならない錯綜する利害関係の調整、それに伴って自分や他人の自尊心を認め合うことが、あまりに複雑で難しいために、日本語が追いついていないのだ。

自殺者が自分を語れないのは、自殺者が弱いからだ、そう言ってしまうのは簡単である。言葉を知らない、抽象概念を知らない、そんな非難もできるのだろう。そもそも言葉を残す知恵と力がないから、人生に敗北したのだとも。

だが、私はそうは思わない。

問題は日本語にあるのではないか。現代の日本語には、現代社会において人間が直面する、あるどうしようもない「複雑さ」とうまくやってゆく機能が足りないのではないだろうか。

「キレやすい人」の日本語

「日本語の窒息」が人の命を奪うのは、自殺だけではない。例えば二〇〇五年から〇六年にかけて発生した、後味の悪いいくつかの事件もこの「日本語の窒息」という現象が関係しているように思う。

〇五年の後半に東京都の町田市で、交際を断られた男子高校生が、中学校の級友であった女子高校生を刺殺するという事件が起きた。〇六年の春には岐阜県で同様の事件が起きている。こうした事件と同じ時期に、京都府や広島県、栃木県でも女児を被害者とした殺人事件が続いた。また〇六年の初頭には、滋賀県で日本人と結婚している中国人女性が自分の子供と同じ幼稚園に通う幼児を殺害するという事件が起きたし、東京都世田谷区では離婚した母親のもとから父親宅に移された男子中学生が、マンションに放火して幼児を死なせるという事件が起きた。

こうした事件の際、メディアでは容疑者に関して「心の闇」があるという判で押したような解説がされるのが普通だ。

時代に責任を求める声もある。景気が低迷し、雇用が失われる中で、人生の敗者が加害者に転じるというような解説は一見するともっともらしく聞こえる。私も一時期はそんな仮説に与《くみ》したこともある。孤立感にさいなまれた移民が凶行に及んだなどというストーリーに至っては、ロンドンの爆弾テロやフランスの移民暴動と重なって、まるでグローバルな問題、つまりグローバリズムの負の側面だという見方に仕立て上げることも可能のようだ。価値の崩壊、家族の崩壊に責任をかぶせれば一応の解説になってしまう事件も多くある。

そんな中、街には防犯カメラがあふれている。不安にかられた親達は、まるでセプテンバー・イレブンス（9・11）直後のアメリカに増殖した「セキュリティママ」と同じように、警備会社と契約したり、携帯にGPSといったハイテクを駆使して子供の安全を確認しようと躍起だ。

一種の時代の閉塞感は、凶悪犯罪という形を伴うだけではない。

よく言われることだが「キレやすい」人が増えているのだという。

私事だが、〇五年の夏、私の子供もそんな事件に遭遇している。

一家で日本に帰省したときのことである。私が仕事の打ち合わせなどをしている間に、子供たちは母親に連れられて知人宅を訪問しようと中央線に乗っていたのだという。

「日本には本当にヤクザがいるんだね。怖かった」

という次男坊の話をよく聞いてみると、中央線の車中で親子でお喋りをしていたところが、突然隣の席の男が「ウルセー」と怒鳴ったのだそうである。それは停車中の事件で、機転を利かした母親が瞬間的に子供を引っ張って下車させたので、その場はそれで済んだのだが、この事件のために、子供たちの日本の夏休みにはイヤな思い出が加わってしまった。

話を聞いた私は、「その人はヤクザじゃないな。普通の人だよ」と言って日本の〝名誉回復〟をしようとしたのだが、普通の人があんな怖い声を出すのか、ということで、子供たちの印象はさらに悪くなってしまったようである。

では、普通の人がどうして「ウルセー」と言って怒鳴るのだろう。それほどまでに時代の閉塞感は濃いのだろうか。

例えば、高度大衆社会が進行し、人々が自尊心と利害関係を中心に勝ち負けのゲームだけの人生を生きるようになったとして、そのゲームの敗者は「キレる」しかないのだろうか。

私は、何も日本を非難しているのではない。むしろ日本社会の閉塞はアメリカに先行していて、やがてアメリカもそうなるのだから、日本社会の苦しみは名誉ある先行事例なのだ。そんな言い方をいつもしているし、それは正しいと思っている。

あるいは、アメリカで行われているように、異常行動を幅広い意味での病気として診断し、対症療法として薬を処方すれば社会のトラブルは減らせるのだろうか。

私は、改めて、その「ウルセー」と言って「キレた」男の姿を想像してみた。

これは、社会閉塞に問題があるのではない。

そして精神疾患でもないのだろう。

問題は「言葉」にあるのではないか。日本語が問題なのではないか。

昔であれば、隣席の親子の会話がうるさければ、

「恐れ入りますが、静かにしていただけますか」

と堂々と注意をする人がいたものである。

もう少し時代が下って、見ず知らずの人にそんな「堂々たる注意」をするのが憚《はばか》られるようになっても、

「皆さんが迷惑してますけど」

と非難の主体を周囲に分散してみたり、

「すみません。ちょっと疲れているもので」

などと間接的に示唆しながら下手に出るようなセリフが生きていた。

もしかしたら、男はそんな日本語を知らなかったのではないか。

「ウルセー」と大声で「キレた」ところを見ると、この男は日本語を第一言語として育ったのは間違いないだろう。つまり、日本人である。日本人でありながら、隣席の親子に対して穏便に注意をする日本語を知らないのだ。

いや、この男だけではない。初対面の人間との間で、あるいは利害の対立する局面で、問題解決をする日本語が失われているのではないだろうか。

そんな日本語の窒息状態が、社会のあちらこちらに、虫の食い荒らした穴のように空虚な空間を作っているのではないだろうか。

ネット社会のディスコミュニケーション

町田の事件、岐阜の事件については、ネット社会のコミュニケーションの問題として受け止められるだろう。

恋をした少年が、思いを受け止めてもらえない怒りから相手を刺殺するに至った。動機は何とはなしに理解できるものだが、ナイフで殺すほどの怒りを覚えたというのには、相当に特殊な要因を考えなくてはならないだろう。

恋愛が相思相愛に発展しないケースは、確率論的に必ず存在する。古来、そうしたケースは「片思い」とか「片恋い」と呼ばれてきた。

静かに思いを寄せる時期が過ぎて、何らかの事情で告白に至る。その際の相手の返答が「ノー」であれば、「振られた」ということになり、自分としてはその相手を断念せざるを得なくなる。

こうしたプロセスを通じて当事者間では、膨大な情報が行き来するのである。告白した方は、何とか「振られまい」としてさまざまな工夫をする。相手の女性を毎日同じ場所で待ち伏せしたり、贈り物をしたり、あるいは相手のために何らかの自己犠牲をしたり、認められるためにスポーツや勉学などに成果を出そうとする、そんな涙ぐましい努力をすることもあるだろう。

告白を受けたが、自分にはその気がない女性の側も、それなりに努力をするだろう。相手を傷つけずに自分の「ノー」を伝えるためには工夫が必要だからである。

「いい友だちでいましょう」

とか、

「ごめんなさい」

というのは、いまでは常套句になってしまったために、それだけでは「相手を傷つけかねないストレートな拒絶」と取られる危険もあるが、使われ始めた当初は、やはり相手への配慮を込めた言葉だったはずである。そうした言葉が象徴するように、「振り方」や「振られ方」の言葉というのは、それなりに面倒なものがあって、それを誰もが人生の一コマとして、工夫して使ってきたのだろう。

だが、この町田市の事件の場合は、最終的に言葉が途切れてしまったようである。その結果の「日本語の窒息」が、惨劇を生んだという見方もできるのではないだろうか。もちろん、被害者に非があるようなことを申し上げるつもりはないし、加害者の罪が軽くなるわけでもない。「振られても」往生際の悪い少年の姿勢が、ストーカーまがいとなるような一線を越えたとしたら、メールに返信しない、アドレスを変えるというのは仕方がないだろう。

だが、そこでできあがってしまうコミュニケーションの沈黙、つまり「日本語の窒息」

が加害者を追い込んだということはないだろうか。

岐阜の事件の場合も構図は同じだが、被害者の少女は加害者の少年と交際していた時期の心情から、別の少年へと心が移っていく過程を「ブログ」に綴っていたのだという。読まれることの意味を考えずに書いた内容が、もしかしたら加害者の少年の目に触れて心を傷つけたとしたら、そこにも通常の「直接会って行う日本語のコミュニケーション」とは違う何かが起きていたと言うべきだろう。

クラスにおける言語空間

いじめや不登校、ひきこもりの問題も「日本語の窒息」という現象に他ならない。

中学生にしても、小学生にしても、子供の生活の中に大人向けのTVドラマやバラエティーショー、劇画などの情報が否応なしに入ってくる。その結果として、子供たちは現代の大人が好んで使うような「人間と人間の関係性をコントロールするニュアンスの濃厚な日本語」になじんでしまう。

だが、悲しいかな子供たちは、人間関係の遠近感をコントロールする方法を知らない。ちょうどいい距離の関係、という設定はまだできない。その結果として、言葉の上のわずかなニュアンスに敵意を感じたり、違和感を感じたりしてしまう。「気まずい沈黙」が流れると、空気の欠乏が一気に露呈し日本語が窒息する、そんな状態を経験してしまうのである。

一旦、日本語の窒息状態を経験した相手とは、関係の修復は難しい、結果的にいじめや不登校のような、多数と個人の関係性の断絶に至る。

かつて転校生というのはスターだった。自分たちの知らない世界を知っていて、立ち居振る舞いや話し方にもどこか自分たちと違う何かを持った転校生は、好奇の対象だった。またクラスには必ず世話好きな人間がいて、その学校や学級の事情を手取り足取り教えたものである。

だが、現代の教室では、転校生がいじめの対象になってしまうのだという。

例えば文藝賞を受賞し、TVドラマにもなった白岩玄氏の小説『野ブタ。をプロデュース』は、この転校生の問題を扱った物語である。転校生がクラスでいじめられていく中で、友人たちが転校生を「プロデュース」して人気者に仕立てていくという話である。「いじめ」はディスコミュニケーションの問題であって、その状態に甘んじないでコミュニケーション能力を高めるよう戦略的に振る舞えば問題は乗り越えられる、そんなメッセージが「前向きな」ものとして若者に受けたのだろう、小説もTVドラマも成功している。

だが、変わらなければならないのは本当に転校生の側なのだろうか。クラスメートに「受ける」ように涙ぐましい努力をしないと、コミュニケーションが成立しない、そのこと自体が問題ではないか、転校生を受け止められないクラスの方が変わるべきではないか、どうしてそう言えないのだろうか。

ここにも、言葉の問題がある。学校のクラスにはすでに濃厚な空気としての言語空間ができあがってしまっている（このような「場の空気」の形成については、第三章で詳しく述べる）。いまの若者の心理からすると、その空気を変えるのはほとんど不可能なのだろう。そんな中から「転校生はプロデュースしなくてはいじめられる」という痛々しい話になっていくのだろう。

言語空間の作り出す空気とはどのようなものだろう。

例えば、自分たちの担任教師の服装のセンスが「悪い」という認識が、そのクラスの暗黙の了解になっていたとする。特にその先生の「セーター」が格好悪いということで、その先生に「セーター」というアダ名をつけていたとする。

そこへ転校生がやってきた。その転校生のいる場で、誰かが「セーター」という言葉を使うとする。一同がドッと笑う。転校生だけは意味がわからないので笑わない。そこに気まずい沈黙が生まれてしまう。転校生が「ここは同調した方が良い」と判断して、意味がわからないにもかかわらず笑ったとすると、事態はさらに悪化することもあるだろう。

本来であれば、最初に「セーター」という言葉を使った子供が、「あのね、転校してきたばかりだからわからないと思うけど、あの先生って着ているものの趣味が悪いでしょ。特にセーターが最悪だから、アダ名にしてるのよ。親や他のクラスの子に言ったらダメよ」と断りをしておけば何の問題も起きなかったはずである。

だが、これは意外と困難だ。なぜなら、この共通理解というのは、明らかに担任の先生の陰口だから「後ろめたい」のであるし、また「自然発生的に生まれた言葉」だから誰も口に出して説明したことがないからである。

そんなわけで転校生に対して説明をしない、そこで気まずい沈黙が生まれてしまうと、時にそれは決定的になる。そうした瞬間が訪れることで、お互いに関係を修復できなくなってしまうのだ。このように個別の「関係の空気」が欠乏することで、転校生はクラス全体という「場の空気」からもはずされてしまう。こうした現象は、秘密結社のように隠語を使うグループの閉鎖性というような説明がされることが多い。

だが、隠語めいた造語で仲間意識を作る行為そのものを完全に止めることはできないだろう。それよりも、沈黙が生む「日本語の窒息」が人間関係を壊す、そこにスポットを当ててみる方が出口が見つかるのではないだろうか。

世田谷の事件は、両親が離婚したという事情が背景にあると説明されてきた。父親が新しい妻との間にもうけた幼児を結果的に焼殺した形になってしまった以上、「世間」の解説がそこに行き着いてしまうのはどうしようもない。

だが、もしも犯人の中学生が転校していった新しい学校で「歓迎」されていたらどうなのだろう。学校に居場所を見つけることができていたら凶行に及ぶまで追いつめられることはなかったかもしれない。


現象としての「ひきこもり」が症状の程度問題として、あるいは人数としてどのぐらい存在するのかはわからない。だが、社会問題として騒がれている以上、この問題に苦しんでいる家族が無視できない数いると思われる。そしてその背景にも「日本語の窒息」があるのだろう。

コミュニケーションを通じてクラスや職場という小社会の部分を構成することができない。自室にひきこもって家族とのコミュニケーションも最小限しかない。そのような「ひきこもり」の姿は「気まずい沈黙」の常態化そのものである。

問題はそれだけではない。そのような異常な状況に追い込まれた本人は、過去の失敗体験や、恥の意識、あるいは自己正当化としての社会批判など、膨大な何かを抱えているはずである。だが、家族も友人も、その「膨大な何か」を言葉を通じて聞いてやることも、アドバイスを与えることもできずにいるのだろう。そう考えると「ひきこもり」という現象では「日本語の窒息」という現象が連続して起きているとも言える。

ニュアンスが共有できなくて、日本語が窒息するという場面は、日本語学習途上の外国人の問題にも見られる。第一章で見てきたように、初級者なら「フジヤマ、スシ、ハハハハハ」で済むかもしれないが、相当に日本語を学んでいるが細かなニュアンスは扱えない、そんな外国人と日本語で会話をしている際には、どうしても「日本語の窒息」が起きがちである。滋賀県における中国人女性による殺人事件は、その点の警鐘として受け止めることも必要だろう。

話題の新書に書かれていること

本書の企画に当たって、最近評判になっている新書の数々に目を通してみた。すると、驚いたことに、そのほとんどすべてに「日本語の窒息」の問題が横たわっているのに気づかされたのである。

養老孟司氏の『バカの壁』は、コミュニケーションの困難について書かれた本である。

だが、『バカの壁』で養老氏が取り上げている「ディスコミュニケーション」の例のほとんどは、「日本語の窒息」そのものなのだ。『バカの壁』の冒頭には、出産シーンのビデオを見せた後の医学部の男子学生が既知の内容だからと黙ってしまうという例がある。養老氏は、「知りたくないこと」は情報として脳が遮断しているのだとして、「話せばわかる」のは誤りだという例として取り上げている。

だが、これは「日本語の窒息」という観点から見れば、実にわかりやすい例なのだ。出産という問題について、男子学生は「すでに知っているから」質問をしないとか、自分の「知りたくないこと」だから沈黙してしまうのではない。当事者意識がないから、自分の言葉で語る語彙がないのである。また医学生であっても、出産そのものに関しては男性は羞恥心がゼロというわけには行かないだろう。その羞恥心を越えて、出産に関して語るだけの自分の言葉は持たないのだ。そして、一旦その場を、沈黙という「日本語の窒息」状態が支配してしまうと、「いや僕は、女性の陣痛のレベルに興味があるんです」などと言う雰囲気はゼロとなる。

この例でもそうだが、養老氏の説く「コミュニケーションの困難」の問題は、日本語の問題、日本語の窒息の問題としてとらえ直してみると興味深いのではないかと思う。養老氏の筆致には、「壁」は厳然として存在するのだから「わかってもらえない」と嘆くな、というだけでなく、コミュニケーションに関してもっと意識的になれというメッセージが込められているからだ。

三浦展氏の『下流社会』の結論にはどうにも納得できかねる。〝下流〟の人々はコミュニケーション力が欠けている、自分らしく生きることで〝下流〟になってしまう、という指摘は、逆ではないかと思われるからだ。

〝下流〟の人々が、コミュニケーション下手だとしたら、彼らは「気まずい沈黙」を通して「日本語の窒息」を数多く経験しているのだろうか。私はそうは思わない。実は〝下流〟の人々の方が、言葉のニュアンスに鋭敏で、周囲の人々との間では豊かなコミュニケーションを楽しんでいるのではないだろうか。

むしろ問題なのは現在「勝ち組」と言われている人々である。成功した起業家、改革者を自称する政治家、あるいは能力主義の企業社会を生き抜いている成功者、といった人々の「コミュニケーション力」とは本当は何なのだろう。

価値観の多様化する中で、極めて狭い勝ち負けの感覚だけを持ち、怪しげな弁舌でその場その場の「空気」を権力の側に引き寄せて強引に他人を動かそうとする。その傲岸《ごうがん》な姿勢こそ、社会に「気まずい沈黙」や「日本語の窒息」をまき散らしているように思えてならないのである。その荒っぽい言語スタイルに加えて、彼らの側に「沈思黙考型」の人々の才能を引き出すコミュニケーションの力が欠けているのが気になる。

かつて、日本の成長企業には優秀な技術者集団が存在した。その中には、いわゆる「プレゼン力」などは全くダメでも、明らかに鋭いアイディアを持った人々も多かったのである。そんな技術者集団を統率する管理職は、経営陣との間でのいわば通訳を見事に演ずることで、投資を引き出し、それを成果に結びつけていた。

そうしたコミュニケーションのシステムが失われ、本来は専門職としてのびのびと才能を発揮していたはずの人材が、ひきこもりや下流に甘んじているのならば、これは社会的に大きな損失である。

興味深い新聞記事があった。日本の子供は、理科が好きな子でも科学者にはなりたがらないというのである。記事の解説によれば、科学者というのはネクラなイメージがあるので、例えば女親が娘が科学者になるのを嫌うなどの、文化的背景があると書かれてあった。

科学者が社会から疎まれる、職人気質の人材が「自分らしさ」を求めて一流の技術者集団への参加を拒む、そうした中で、日本の競争力が傷ついているのなら、その責任は怪しげな「コミュニケーション力」を振りかざしている現在の政治家や経営者にあるのではないだろうか。

橋本治氏の『上司は思いつきでものを言う』は、日本の会社組織の中で「下から上」へのコミュニケーションが不在であることを喝破した好著である。三浦展氏の『下流社会』が「上から見た下の沈黙」への苛立ちとして書かれているのに対して、橋本治氏は「上」のコミュニケーション能力に問題があると正確に言い当てているからである。

右派と左派の間に流れる不気味な沈黙

社会現象としての「気まずい沈黙」を指摘し続けたメディアもある。朝日新聞が長い間断続的に連載してきた「『みる・きく・はなす』はいま」というシリーズがそれだ。一九八七年に同新聞社の阪神支局が襲撃され、小尻知博という若い記者が殺されてからの、「物言わぬ右翼の暴力」を延々と告発する内容だった。

産業廃棄物の不法処理と戦っていた町長への暴力、公営ギャンブル施設に反対していた人への襲撃など、やり切れない「無言の暴力」に対して、明確な抗議の姿勢を持った連載である。私はその意義を認めないわけではない。

だが、この「『みる・きく・はなす』はいま」には限界もある。それは、いわゆる右派の暴力がどうして無言のまま行われるのか、ということに迫ってはいないという点だ。小尻記者を追悼し、あるいはこの連載を支援する意図で、事件のあった五月三日には毎年、朝日新聞の労働組合が主催する形で集会が開かれている。
例えば、九八年の集会では、国沢利栄という記者が次のように述べている。
「気に入らない主義主張に対し、問答無用の暴力で相手をひるませ、口をつぐませようとする事件は今なお、ひんぱんに起きています。しかし、暴力に屈してみんなが発言をやめてしまっては、市民が自由にものが言える社会はいつまでたっても確立されません。では、言論の自由に対する暴力による挑戦に、私たちはいかに対処していけばいいのでしょうか」（朝日新聞労働組合ホームページより）
さらに事件から十五年が経った二〇〇二年の集会では、ジャーナリストの斎藤貴男氏が、
「一連の構造改革がいかに人間の格差を広げるか、貧富の差を広げたり、身分格差のようなものを広げていく過程を取材して、この阪神支局襲撃事件の犯人の思惑がいまむしろここで完成しつつあるのではないか。そんな危機感でいっぱいです」（同ホームページより）
と述べている。
仮に阪神支局事件の犯人が右派系の人物であるとすれば、既得権者への怒りはあるかもしれないが、構造改革や格差社会を目指しているはずはないので、斎藤氏の述べているのは的《まと》はずれという印象を免れ得ない。

また、こうした集会や記事では、まるで右派のテロリストが全能の強さを持った極悪人のように言われがちなのも、事実に反すると思う。国家に依拠する形での極右テロというものは、依存心や敗北の恐怖など弱さが突出する中で起きていくものだからだ。

だが、それ以上に私が違和感を抱くのは、言葉の問題である。朝日新聞の人々は、右派のテロリストが「言論を圧殺する意図で、無言の暴力を加えてきている」と信じている。だが、仮にそうした一連の事件が右派の仕業であるとして、彼らは作戦として「無言」であることを選択したのだろうか。無言であることの与える恐怖感を、攻撃の手段として使っているのだろうか。あるいは映画に出てくる暗殺者が、自分の一挙手一投足にも美学とこだわりを持つように、無言であることを自分たちのスタイルとしているのであろうか。

私にはそうは思えない。仮に右派という人々が、例えば朝日新聞のようなメディアに対して敵意を持っているとして、彼らには対抗する言葉がないのではないだろうか。言葉を持たないから暴力に訴える、そんな単純な、あるいは極悪な思考回路ではないのだと思う。

右派のテロリストは、まず漠然と右派的心情に惹《ひ》かれるのだろう。例えば、日教組系の教師から疎外されて憎悪を抱いたとか、特攻隊に憧《あこが》れたとか、戦艦大和の滅びの美学に酔ったとか、きっかけはさまざまだろう。そして、ある時点で「左派」の言動に触れる。そこでショックを受けるのである。

この人たちは高学歴だ。社会的な地位もある。強者だ。強者だから国家に依存することがない。そして不遜にも国家を批判する。さらに自分たちが善だと信じている。そして弱者の味方だと言っている。だが、この人たちは絶対に自分たちを救ってはくれない。われわれ弱者の本当の叫びを知らない。

そのくせ、大量の言葉をまき散らす。理想を掲げ、美辞麗句を並べ立てて、それ以上に反対派を舌鋒鋭く攻撃する。その言葉が気にくわない。その言葉はわれわれを敵視している。その言葉は醜い、だからわれわれは沈黙せざるを得ない。

恐らくは、そんな心理の流れがあるのではないだろうか。左派の饒舌が、右派を沈黙へと追いやる、そんな関係性の病理、コミュニケーションの不在がそこにある。これも恐ろしい日本語の窒息である。

〇二年の小泉訪朝と拉致問題を契機とした北朝鮮への反感、そして〇五年の反日デモをきっかけとした嫌中国感情などを追い風として、「右派＝沈黙」というイメージは崩れたように見える。逆に「右派の饒舌」という傾向すら出てきており、それこそネット上には、読むに耐えない民族差別や反感の書き込みがあふれている。だが、本質的なところでは変わっていないように思う。右派はどんなに饒舌であっても、反対派に対して自分の言葉が届かないことを知っているからだ。そもそも人の意見が変わりうること、人が人に言葉で影響を与えることなど信じていないのである。その点が左派の饒舌とは決定的に異なるのだ。

かつての朝日新聞の人々は、右派の沈黙に不気味なものを感じていたのだろうし、現在は右派の饒舌を不気味に思っているのだろう。だが、本当に不気味なのは右派ではなく、左派と右派の間に横たわる日本語の窒息だと言わねばなるまい。

陳腐化する日本語、その弱点

では、どうして日本語は日本人のコミュニケーションを支えられなくなったのだろう。どうして、「日本語の窒息」があちこちで起きるようになったのだろう。社会全体として、価値観が相対化した、それも一因だろう。だが、もっと直接的な原因がある。それも日本語そのものに関する問題だ。一つの要因は、言葉が陳腐化するスピードという問題である。

言葉は生き物であって、どんな言葉にも寿命がある。言葉の寿命は死語という形で現れることもあれば、意味の変化という形で現れることもある。

日本語は歴史の長い言葉なので、例えば一千年というスパンで意味が変化した例もある。平安時代には「をかし」というのは「趣のある」とか「面白い」という意味だったのが、現在の「おかしい」は「笑いたくなるような」とか「どこか間違った」という意味に変わっている。「あはれ」にしても、「滅び行くものへの哀惜」という意味が、現代の「あわれ」では「惨めな」という意味になっている。

こうした「あはれ」とか「をかし」というのは、いわばコミュニケーションにおける基本語彙であったので、意味は変わっても生き延びたのだろう。だが、いずれにしても、言語が変化する、あるいは死滅するというのは仕方のないものだと言える。

例えば、ある時期の日本語を「美しい日本語」だとして、それを固定するような考え方は、基本的に非現実的と考えるべきだろう。一連の日本語本ブームの中には、そのような「日本語原理主義」のようなものがある。一九六〇年代後半ぐらいまで生きていた町の人情あふれる言葉などが失われたことを憤慨するのは勝手だし、そうした過去の日本語で書かれた日本文学が、最低限読み継がれていくことは悪いことではないと思う。

だが、時代は変わりゆくものであって、それによって日本語が変化するのは止めようがない。

日本語はなぜ変化するのか。

それは本書を通じてお話ししているような、日本語の鋭い情報伝達力にある。

短い言葉に象徴的な意味を持たせて、コミュニケーションの効率を高める。その高効率化にあたっては、意味や論理の伝達だけでなく、話し手と聞き手の関係性のコントロール機能まで押し込んでしまうのが日本語である。

その日本語の高度な機能性に加えて、日本語自体が語彙という面でもフレーズでも、豊富な数を備えた言語だからだということが言えるだろう。また、擬音語、擬態語、省略形を好みながら、新語をどんどん製造してしまう文化も背景にはある。

そんな中、時代に新しい兆候が見えると、一部の人間は描写のため、概念を代表させるために新語を作るのである。新語は、新語だから面白い。省略語法の項でお話ししたように、聞き手には「暗号解読のカタルシス」を感じさせるからであり、一旦、話し手と聞き手の間で新語の使用が確立すると、その語を知っている仲間内に秘密結社のような紐帯《ちゅうたい》が結ばれるからだ。

いわば、日本の言語環境において、流行語新語の使用は不可避だと言って良い。

日本では、毎年巨大な用語辞典が刊行されたり、流行語大賞の選考が話題になったりするが、欧米ではそうした習慣は強くない。

ここに問題がある。

何よりも、変化のスピードが速すぎることだ。

そしてもう一つ、言語は突然死するのではなく、陳腐なものへと衰えた結果忘れられていくという点である。

卑近な例であるが「ＩＴ革命」という言葉の運命は典型的なケースだと言えるだろう。

一九九〇年代の末から二〇〇〇年にかけて「ＩＴ革命」という語はある意味で流行の最先端の言葉であった。以前からあった、電算化とか電子化というような言葉とは違って、インパクトのある語彙となっていったのである。だが、時の総理であった森喜朗が自ら「国民運動としてのＩＴ革命」を提唱する一方で、「ＩＴ」のことを「イット」と読んだという噂が広がったあたりから、陳腐化が始まった。

気の利いた人間は、より限定的な「ネット」とか「ブロードバンド」とか「ユビキタス」というような言葉に走った（もっとも「ユビキタス〈どこでもネット接続のできる社会〉」も、セキュリティや個人情報の問題に意識が高まる一方で、安全な範囲でのワイヤレス接続が当たり前になると、急速に陳腐化した）。

〇二年以降は、社長が「わが社のＩＴ革命」などと言おうものなら、若手の社員に「ウチの社長はコンピュータなんか触ったこともないんだろう」と疑いの目で見られるのがオチだろう。

では、「IT革命」という単語は見事に死語と化したのであろうか。問題はそうではないことにある。この社長さんのように、二〇〇六年の現在でも「IT革命」という言葉を使っている人はゼロではないだろう。そして、陰でバカにされていることなど知る由もないのだ。

「IT革命」の場合は、一種のビジネス用語であって、言葉そのものが実用目的だからまだましである。もっとニュアンスの濃い、日常の気分を表す言葉の場合はさらに悲惨なことになる。

例えば、〇六年の現在に「ナウい」などという完全な死語を口にしようものなら、その場の空気は凍り付くであろう。さらに面白いのは「ナウい」のように大流行して見事に死滅した「メジャーな」言葉よりも、その派生語ともいえる「イマい」のような「マイナー」な流行語の方が、死語化した姿はより悲惨であったりする。

さすがに「ナウい」や「イマい」をいまでも真面目に口にする人はいないだろうが、例えばこうした死語を口にしたような場合を非難する語「寒い」とか「さむー」という語などは、比較的最近の陳腐化現象だと言えるだろう。いまでも使用される表現かもしれないが、徐々に頻度は下がっているようである。そして使われる度合いの低下と同時に、言葉の意味上のインパクトも落ちてきているのではないだろうか。

他人が工夫した言葉づかい、例えば冗談やダジャレ、流行語などがピタッと決まらずに、その場が白けた際に「寒い」という言い方が大流行したのは、二〇〇〇年代に入ってからだが、流行し始めた際は一種の「いじめ」に近い鋭さを持っていた。言われた方は、自分の言葉のスタイルを全否定されたような屈辱を感じたものである。

だが、〇五年あたりから「寒い」は陳腐化した。その結果、

「そのギャグ、寒いよ」

「そうかな。ちょっと寒かったかな。ハハハ」

などと軽く受け流すことができるようになっているのではないだろうか。

そうなのだ。攻撃的な侮辱語、侮蔑語は、陳腐化すると和らぐのである。

侮辱語の宝庫として悪名高い、インターネットの掲示板『2ちゃんねる』などを見ていても、同じことを感じる。

最初に「厨房氏《ちゅうぼうし》ね」などという表現を見たときには、イヤな感じがしたものだが、最近では、

「厨房、氏んでこい」

という挑発に対して、言われた方も、

「氏んできまーす」

という具合に軽く受け流しているのを見かける。これは中傷を軽く受け流す知恵が出てきた、ということもあるのだろうが、「厨房」とか「氏ね」といった言葉の鋭さが陳腐化の結果、弱くなったという見方もできるだろう。激しいニュアンスの造語ほど、陳腐化が速いという傾向も否定できない。

ここに落とし穴がある。

使う方が陳腐化を計算して「氏ね」とか「寒い」というような「元は鋭かった侮蔑語」を軽い気持ちで使っても、相手が果たして軽く受け流すことができるか否かは、わからないという点である。

相手の方は、もしかするとこうした新語が作られたときの「フレッシュな攻撃性」と同レベルの語感を感じて、思い切り傷ついているかもしれないのだ。そうなると、これもまた「日本語の窒息」そのものということになるだろう。

2ちゃんねるの功罪

この『2ちゃんねる』に関して言えば、毀誉《きよ》褒貶《ほうへん》がある中で、サイバー空間における日本語という文化にはなくてはならない存在になっているのは間違いないだろう。

ただここで、私が気になるのは、侮蔑語や侮辱語の問題だけでなく、「スルー（無視）」

が奨励されていることだ。一方的にケンカを売るだけの「煽《あお》り」とか、文脈を無視して勝手な書き込みを貼り付ける「コピペ」と言われる行為に対して、管理人の「ひろゆき」氏は、「煽りへの返答は煽りと見なす」として、とにかく無視を奨励している。ちなみに、最近の『2ちゃんねる』では「おやくそく。」として「頭のおかしな人には気をつけましょう」という注意書きが掲示してある。まず、

「利用者が増えるに従って、頭のおかしな人もそれなりに出没するようになって来ています。頭のおかしな人に関わるとなにかと面倒なことが起こる可能性があるので、注意しましょう。」

とあり、その次には「頭のおかしな人の判定基準」三箇条が掲げてある。

・「みんなの意見」「他の人もそう思ってる」など、自分の意見なのに他人もそう思ってると力説する人
他人が自分とは違うという事実が受け入れられない人です。自分の意見が通らないとコピペや荒らしなど無茶をし始めるので見かけたら放置してください。
・根拠もなく、他人を卑下したり、差別したりする人、自分で自分を褒める人
他人を卑下することで自分を慰めようとする人です。実生活で他人に褒めてもらう

機会がないがプライドだけは高いとか、匿名の掲示板しか話し相手のいない人です。可哀想なので放置してください。

・自分の感情だけ書く人

「〜がムカツク」とか自分の感情を掲示板に書くことに意味があると思っている人です。

何がどのようにムカツクのか論理的に書いてあれば、他人が読んでも意味のある文章になりますが、そういった論理的思考の出来ない人です。もうちょっと賢くなるまでは放置してあげてください。

あえて引用したのは、なかなかどうして二十一世紀の名文だと思ったからだ。匿名掲示板という特殊な空間で、意味のあるコミュニケーションを成立させるにはどうしたら良いか、という問題に関する重要な指摘を含むだけでなく、古今東西の饒舌な「左右の極端な思想」や「原理主義」の弱点を喝破しているからだ。

だが、ここまで力強く「無視」を主張されると、私は困惑せざるを得ない。

町田の少女刺殺事件に見られるように、あるいは多くのストーカーがそうであるように、Eメールなどの言語空間での最終的な「無視」が加害者を心理的に追いつめる例は多いのではないか。逆に朝日新聞の人々が「無言の」テロリストに全能の悪を見てしまう誤解も、悲劇に他ならない。とにかくコミュニケーションの断絶、日本語の窒息という「瞬間」が増えることは、社会を不安定にさせるのではないか。

仮にそうであれば、現在の『2ちゃんねる』のように、「まともな人」が対話を楽しんでいる、そんな行と行のその間に「頭のおかしな人」の独り言がちりばめられて無視されている、という姿は異様である。

もちろん「ひろゆき」氏の「おやくそく。」のように、彼らの「煽り」の相手をしていては、掲示板は「荒れ」放題になる。こうしたメディアでは、「スルー」はどうしようもない生活の知恵なのかもしれない。だが、メディアという「場」において恒常的に日本語が挫折しているという現象は、何をもたらすのだろうか。せめて「煽り」や「コピペ」が削除されて見えなくなっていれば、表面的には救いがある。言葉が「掲示」されていながら、多くの人間が無視をしているという状態は異常だからである。例えば、掲示板に比べるとブログの方はオーナーが明確で、不適切な発言がさっさと削除される点、目に見える言語環境としては自然なのではないだろうか。

流行するコードスイッチ話法

言語の変化スピード、陳腐化スピードの問題に次いで困った問題は、日本語のスタイルという点である。

話し言葉だけを取っても、敬語などの丁寧な表現から俗な表現、男言葉に女言葉、さらにはビジネスの日本語、その中でも業界別の言葉まで、千差万別である。

まず、「です、ます」体か「だ、である」体かという問題がある。

八〇年代ぐらいまでは、話し言葉の場合、相当に親しく対等な関係では「だ、である」、それ以外のフォーマルな場では「です、ます」体という枠組みが存在していた。その枠組みの中で話している限りでは、お互いに違和感なく会話ができたのである。

だが、この十五年ぐらいの間に、「だ、である」がその領域を広げてきたのである。広がり方には二種類がある。まず、「です、ます」と「だ、である」の混用である。この混用はタブーというのが、日本語の常識であった。現在でもそうだが、日本の学校の教科書では、作文指導の中の重要なチェックポイントとして「です、ます」と「だ、である」は混ぜて使ってはいけないことになっている。だが、混ぜる表現（言語学では、コードスイッチと言う）は、それにもかかわらず流行している。そもそも、教師の話し方のスタイルがそうなってきている。

例えば、小学校高学年の教室では、テストの終了間際になると、教師はこんな話し方をするのではないだろうか。

「みんな、いいかな（だ、である）。そろそろ、時間ですよ（です、ます）。できた人は出してね（だ、である）。そうそう、名前を忘れないように注意してくださいね（です、ます）」

センテンス四つのコメントの中に、見事に「だ、である」と「です、ます」が混用されている。だが、違和感を感じる人は少ないだろう。なぜならば、コードスイッチの効果がうまく出ているからだ。

この教師の場合は、どうやら「だ、である」がベースになっているようである。「だ、である」の特徴である、ストレートっぽさ、パーソナルな感じを使って、生徒とコミュニケーションするのが好きなタイプのようだ。試験監督官の立場であっても、発話の冒頭に「だ、である」を使っていることから見て、それは明らかだ。では、次の「時間ですよ」がどうして「です、ます」に変わるかというと、この宣言は「試験の終了時間が近い」というフォーマルな、そして厳かな宣言にしたいからである。そして、文体を変えることで、リズムの変化がつき、一方的にその場を支配している冷たい感じを避けることができるのだ。

次の「できた人は出してね」は、呼びかけの対象が部分的であってクラスの全体ではないことから「だ、である」になったのだろうし、最後の文は「名前を忘れるな」といういかにも教師らしい注意なので「です、ます」になった、恐らくは無意識であろうが、そんな理由がそれぞれの文の文体にはあるのではないだろうか。そして、何よりもこのコメント全体は、コードスイッチがうまくいくことで豊かなリズム感が出ている。

もしかすると、武田鉄矢の当たり役である学園ドラマシリーズ『3年B組金八先生』あたりが、このコードスイッチの先駆けなのかもしれない。

「みなさーん、いいですかー。命は大切なんだ。ボクはそう思いまーす。○○君、そうだろう。君の身体にも熱い血が流れているんだ。そうでしょう……」

という具合である。

同じようなコードスイッチは、大人数を前にした公式のスピーチにも広まっている。

「皆さんは、構造改革というと痛みを伴うものだと思っていらっしゃるかもしれません。だが、本当にそうだろうか。確かにそうかも知れません。変革に痛みは避けられない。このことは否定できません。でも、変革を先送りする痛みもあるんだ。既得権益にしがみつく抵抗勢力の陰で、ずっと不公平感を味わっていた人も大勢いるんです。抵抗勢力は、その痛みがわからないんだ。いや、変革の痛みを口実に既得権を守るのが、あの人たちのホンネなんですよ」

内容は小泉亜流のアジテーションであるが、コードスイッチを使うことでリズムの良い演説になってしまっている。どうやら、このスタイルは今後も長続きしそうである。

下から上には使えないコードスイッチ話法

だが、このコードスイッチにも落とし穴がある。

それは「上から下」へのコードスイッチは定着して、しかも効果を上げている一方で、「下から上」への話し方のスタイルが確立していないという点だ。

確かに「タメ口」というスタイルは出てきている。だが、これは一般的ではない。例えば、職場の会話の中で、

「課長、ダメだよ。もっと予算取って来なきゃ。僕たちは技術を詰めていってなんぼなんだ。あんたは、管理職だけやってんだから、上と掛け合ってカネ引っ張ってくるぐらいしなくちゃ」

というようなスタイルが部下から出てくるようでは、組織の統制も何もあったものではない。完全に下克上が成立してしまっていて、前にお話ししたように「利益を最大にするための緊張感」などは全く機能していない。

この「課長、ダメだよ」は少し極端すぎる例だとして、もう少し「上を立てている」内

容を「タメ口」としたらどうなるだろう。

「課長、ありがと。僕たちは技術力が命なんだよ。あんたみたいな管理職が、ちゃんと予算を引っ張ってきてくれるから、ライバルに勝てる開発ができるんだ」

これでもダメである。前の「ダメだよ」よりもっと「偉そう」に響いてしまう。文句を「だ、である」で言うのはストレートだからまだ許せるにしても、堂々と「だ、である」で感謝を述べられてしまうと下克上の雰囲気はもっと強くなるからだ。

内容が悪いのかもしれない。この二例は「組織上は格下の技術者が、管理職より高いプライドを持っている」というシチュエーションだから失敗したのかもしれない。そこを変えてみよう。

「課長、さすがプレゼンの鬼。僕たちは技術しかわかんないけど、課長は組織も社内政治もバッチリ押さえているね。管理職ってのはすごいね。開発予算、こんなにもらえると思ってなかったよ。もう、課長のためなら絶対ヒット商品を作ってみせるよ」

これでもダメである。下克上の雰囲気は全く変わらない。まだ技術者側にプライドが残っているからだろうか。では、会話の上で完全に下手に出ざるを得ない局面を想定してみよう。

「課長、悪かった。オレのミス。技術屋の驕《おご》りってやつ。面目ないよ。怒られて当然。頼むよ怒ってよ」

これもダメだ。全く下手に出ていない。

では、職場内で「タメ口」が成立するのはどんな局面だろう。

たぶん、極めてパーソナルで、インフォーマルな会話、例えば、

「課長、今度呑みにいこ」

とか、

「課長、そのスーツ、マジで激やば、カッコ良すぎ」

といった程度ではないだろうか。二番目の例は、厳密に言うと「だ、である」でも「です、ます」でもない。名詞止めを使って、コードの選択から逃げているのだ。リズムの良さを狙いながらも、「だ、である」ほどの下克上にはなっていないということなのだろう。

職場における「タメ口」が本当は困難なものだとして、では「下から上」のコードスイッチの可能性はどうだろうか。

「課長、勘弁してくださいよ。この予算ではムリですよ。ライバルは、Aというソフト一本に二億突っ込んでるんです。二億だよ。二億。このタイプのRPGってのは、マーケットを仲良く半分っこ、ってのはあり得ないんですよ。勝つか、負けるか。わかってんのかよ。頼みますよ。役員会にもう一回掛け合ってきてくださいよ」

控えめにやってみたが、これでも「二億だよ。二億」の部分、「わかってんのかよ」の部分は、完全に限界オーバーである。リズム云々以前の問題として、職場が凍り付いてしまう。

では、文句ではなく課長を礼賛する局面ではどうか。

「課長。さすがですね。これなら戦えますよ。開発期間十四ヵ月で、予算が三億ってのはすごいよ。営業も待ってくれる、役員会はカネをくれる。いいねえ。スゴイ製品を作って見せますよ。課長のタフなネゴに応えなくっちゃ」

何となく自然にコードスイッチが機能しているように聞こえる。だが、「いいねえ」の部分にはやはり下克上の感覚が出てしまっており、やり過ぎという感じである。それ以前の問題として、どうしてスイッチしなくてはならないか、その必然性が疑わしい。すべて「です、ます」で通した方が、リズムも良いし、何よりも自然な感じがするのであって、危険を冒してまで「タメ口」やコードスイッチをする意味は薄いと言えよう。

結論を言えば、職場における「上から下」の発話では、フォーマルな「です、ます」に加えて、「だ、である」で押し通す「べらんめえ調」、そしてコードスイッチと表現の幅が広がってきている。これに対して、「下から上」のスタイルとしては、実際は「です、ます」のスタイルが固定化しており、いわゆる「タメ口」が自然になる局面は極めて限られている。

ならば、職場などフォーマルな場で、明らかに「上下のヒエラルキー」が枠組みとして機能している場合には、「下から上」の発話は「です、ます」で通せば良いのだろうか。そうした規範が機能しているのなら、それはそれで良いではないか、ということにして構わないのではないか。

私はそうは思わない。ここには重大な問題がある。

それは、上下の話し方のスタイルが対等ではないということである。

コードスイッチ話法が壊す対等性

対等でなくてはならない、というのは、上下が「タメ口」なり「です、ます」の同じレベルで話せばいいという意味ではない。「上から下」がコードスイッチを使って遠近感やリズムの幅を広げながら、建前にホンネを混ぜて、言葉をどんどん繰り出してくるのに対して、「下から上」は対等にコミュニケーションができない、その不均衡に問題があるのではないだろうか。

良い例が小泉首相の「ぶら下がり会見」である。

毎日一回、官邸のある場所で、首相が歩いてくると、記者たちが一斉にマイクを持って取り囲む。その動作すべてが演出であることは、質問者が決まっていることで明白だが、その質問者は二十代から三十代の女性に、少し三十代の男性を混ぜるというスタイルで、要するに首相と比べて非常に若いのである。その年齢差をよいことに、首相は、

「党首討論ですか。まああんなもんじゃないかなって感じですね。でも、本当はもっと迫力が欲しいね」

などと自在にコードスイッチして喋りまくるのである。

対する記者の方は、

「今度の参拝について中国からコメントが出ていますが、どうお考えですか」

などと「です、ます」に敬語表現までつけて丁重である。

言語空間としては、まあ「こんなもの」であろう。だが、そこには首相の答えにくい質問を用意して斬り込む覚悟はないし、世論を代表して首相の見解を引き出すだけのテクニックも感じられない。

話し方のスタイルが対等ではないからだ。

同じように職場においても、やたらに上司は喋りまくり、部下は押される一方という局面が多いのではないか。本来なら、現場ならではの情報をどんどん上に上げることは、経営の質とスピードをアップする重要な行為のはずである。それが機能しないのは、上下の

コミュニケーションにおいて「日本語の窒息」が発生しているからだ。言いたいことがたくさんある部下、重要な情報を握っている部下から、経営陣への情報の流れがスムーズでないのである。橋本治氏の『上司は思いつきでものを言う』はまさにこの現象を言い当てている。

日本企業の組織が硬直化しているとか、管理職の力量が落ちてきて「諫言《かんげん》」が受け止められないという解説も多い。そうした解説は事実の一面を伝えているだろう。いや、本質を言い当てていると言ってもよい。だが、そんな文化論では停滞しがちなコミュニケーションは救えないだろう。

日本の組織の活力を復活させるには、組織内の会話スタイルを対等に戻す必要がある。

「諸君、残念ですが、今回の役員会では予算は見送られました。次回二月にもう一度案を持って行きましょう」

「課長、今回の開発予算では、私たちはビジュアルの質が勝負だという考えで立案しています。だから、クリエーターの質と量の確保を中心に、大きな額を要求しているんです。営業計画とのすり合わせも済んでいます。営業目標をクリアすれば、収益は社内目標に届くんですよ」

「わかっています」

「役員会では、そこを全部否定されたんですか」

「いや、そうではありませんよ。十分に説明する時間がもらえなかったんです」

「却下ではないんですね」

「そうではありません。脈はあります。もう一度、企画を練ってくれませんか。ライバル商品のイメージ図もスライドに入れましょう」

「課長、もう一回勝負ですね」

「そうです」

ちょっとキレイすぎる会話かもしれない。ただ、そのキレイさ加減に、対等な会話の空間の自然さというものがあるのではないだろうか。

すれ違う男と女の言語スタイル

男女の言葉も頭が痛い。

ここにも、対等な言語空間に破綻が見られるからだ。

女性が男言葉を使うスタイルは、もちろん以前からあったが、北川悦吏子がキムタクこと木村拓哉主演のドラマ『ロングバケーション』(一九九六年)で山口智子に喋らせたあたりから大きく広まったように思う。

年上の女と年下の男が、不思議な同居関係を通じて、自分たちにもわからない恋愛感情をそっと育んでいく、その微妙な会話の綾がこのドラマの最大の売り物だろう。

その秘めた感情が表に出るか出ないかの重要な場面（電話での会話）でも、山口演ずるヒロインの「南」は、キムタク演ずる「瀬名」の丁寧な話法を、

「それオカマ喋りだよ。気持ち悪いよ」

と突き放すのだ（この時代には、同性愛者への認知も配慮もこの程度だったのだろうが、その問題はここでは問わない）。

この場面では、「瀬名」はピアノコンクールの入賞が有力となっていて、その場合にはボストンに行くことになるのだと告げる。二人に別れが訪れるかもしれない、という局面が隠されていた感情をあぶり出すように設定された脚本である。瀬名が「さみしくなるね、とか言わないのか」と問いつめると、南は、

「普通言うのか」

と強気に逃げるのだが、最後は南が瀬名に「思い出の曲」をピアノで弾くように頼む。そう頼むことが想いを告げるに等しい、つまりは極めてロマンチックなセリフなのだが、それでも北川のチョイスした話法は、

「あの曲もっかい聞かせなよ」

と素っ気ない。

だが、この話法が当時の女性には大受けしたのである。厳密に見てゆけば、これは女性による男言葉というよりも、従来からあった「姐御言葉」の延長かもしれない。だが、「普通言うのか」あたりとなると、やはり男言葉の領域に踏み込んでいるだろう。それでも、いや、だからこそ十分に可愛らしく「キャラが立って」いたのである。

これは、現代の女性が「女性という役割」の枠内での自己表現ではあきたらなくなったことが背景にあると見るべきだろう。あるいは男性優位の残る社会への反抗という感覚もあるかもしれない。「ちょっと投げやりでストレート」な話法が、多くの女性の感性に合うということもある。

これに加えて、女言葉をベースにしながら、男言葉を混ぜることで「コードスイッチ効果、つまりリズムの変化を楽しむという要素も大きいと思う。その結果として、女性たちは実に豊かな話し言葉の文化を作り上げている。

同じく木村拓哉主演の二〇〇三年の作品、『GOOD LUCK!!』では、脚本家の井上由美子は初回放映分でヒロインの緒川（柴咲コウ）を登場させるなり、こんな喋り方をさせている。

「もっと機体を大事にしてください」

と新米整備士の立場ながら副操縦士の新海（キムタク）に対してインターカムで通告する。その新海が真意を質そうとすると、

「〈ヘタクソ〉って意味です」

と何ともストレートだ。着陸が下手くそなので、整備士としては許せないということである。井上脚本の一つのセールスポイントは、緒川というキャラクターに「凛《りん》とした女性像」を託したところにある。話法は職場言葉の「です、ます」をベースにしながら、それに部分的にストレートな表現、それこそ究極の「タメ口」を混ぜるのである。「凛とした」というのは若い整備士が自身の職業に誇りを持っているという部分と、交際相手として女として軽く見られたくない、という二重になっている。

その特に後者の部分が面白い。話が進んで、親密さが増してくると、新海は、

「デートしよう」

というような、工夫のない男言葉で緒川を誘う。これに対して、緒川は、

「言い方がいやらしい」

と言って拒むのである。冒頭の「ヘタクソ」もそうだが、言い方がストレートな分、緒川と新海はいつもケンカ腰という雰囲気の会話になるのだが、その会話をリードするのはいつも緒川である。少し前に「タメ口」と「です、ます」のコードスイッチを「部下から

上司」の発話に使うのは、具合が悪いという議論をしたが、この場合は「女から男」へとストレートにものを言う雰囲気に、恋愛感情の駆け引きのゲーム的要素を入れ、全体は「凜とした」女性像ということにまとめているのだ。

ここでも、話法の豊かさがキャラクターを作り上げている。

こうした話し方の変化というのは、自然の流れだと思う。バブル崩壊後の十数年の間に、日本の女性たちは苦労して社会的地位を向上させてきた。そのパワーの源泉は、話し方のバリエーションの獲得にあるのではないだろうか。

遅れを取っている男言葉

だが、ここにも問題がある。それは男の方である。

キムタクの登場するドラマでは、ヒロインが話法的に日本語の最前線を行っているのに対して、キムタクのキャラクターはつねに、話法上の冒険はなく保守的である。女性の饒舌に対してひたすら「受け」に徹しているのだ。どのドラマでもだいたいそのような構造になっている。そこにキムタクが愛される理由があり、同時に男性の言語文化の貧困があるように思う。

インフォーマルな男言葉には、一九七〇年代以降、ここ二、三十年、目立った変化はないのだ。男が女言葉を話す方向での、言葉の軟化というのは全く起きていない。フォーマルな場での「です、ます」と「だ、である」のコードスイッチはあっても、インフォーマルな場ではスイッチのしようがない。スイッチするものがない以上、「だ、である」に助詞を絡めて「だよ」とか「だよな」というような男言葉を単調に繰り返すしか、男言葉の会話体はないのが現状である。

もちろん男言葉にもバリエーションがある。例えば、「だよ」の他に「だぜ」とか「そうじゃん」というような不良体があって、それなりに変化がつけられる。だが、女性の女言葉に男言葉を混ぜるコードスイッチに比べれば、単調さは否めない。

これはＴＶのドラマだけではなく、社会の隅々に行き渡っている現象なのではないだろうか。

例えば、八〇年代後半以降、女性が休暇を取って旅行する際には女性同士のグループで行くというのが当たり前になった。

九五年頃だったと思うが、当時多国籍企業に勤務していた私は、パリにある会社のフランス本社でマーケティングの打ち合わせをしていた。ちょうどお昼時になったので、フランス側の社員に「安くて地元っ子に評判の」レストランに連れて行ってもらった。辛うじて席はあったものの、レストランは混雑していた。一目で観光客と見える、日本人が大勢入っていたのである。そこでフランス人に、私はこう尋ねられた。

「あの連中はレズなのか」

さて、私は答えに窮した。確かに女性ばかりである。二人連れも多いが、それも女性同士の組み合わせである。だが、日本人の私には彼女らが同性愛者でないことはわかっている。では、どう説明したらよいのか。まさか、セックスレスが日本の文化ですという訳にもいかない。

私は、

「彼女らは理想の男性の出現を待っているが、日本人の若い男性は保守的なのでダメみたいだ」

といい加減なことを言った。すると、パリの副社長と経理部長は真顔で、

「では、われわれにもチャンスがあるというわけだ」

とさっそく絡んできた。私は、

「下手に近づくと火傷しますよ」

などと、無国籍のジョークで何とかその場を収めたが、釈然としない感覚は残った。確かに、日本女性の二人連れが世界中を歩き回っている姿は異様である。

あれは、結局は言葉の問題なのではないか。

多様な表現を手に入れた日本の女性たちは、同年代の日本の男性は話し相手として退屈なのである。当意即妙に、さまざまな話法を使って感覚や親疎感をコントロールする話法の相手ができる男性がいないのだ。

その逆に、キムタクのドラマでは、キムタクにはひたすら「可愛く受け」をさせている。そんな風に女性の表現のバリエーションを受けてくれる男性もいない、ということだ。この問題は、現代の男女が容易に結婚に踏み切れないなどということにも関係があるのかもしれない。

この裏返しとして、世の男性たちが「女子アナ（TVの女性アナウンサー）」を憧れの対象として見ているという現象がある。

特に大きなスクープをモノにしたわけでもなく、インタビューの突っ込みが鋭いわけでもない新人のアナウンサーが、どうして爆発的な人気を得るのだろう。三枚目的なアドリブの話芸ではない、容姿でもない、声がセクシーだということでもないようだ。アナウンサーとしての「キレイな日本語」そのものが世の男性の憧れの対象になっているのではないか。

一貫した「です、ます」調。

正確で明瞭な発音。

練り上げられた原稿をベースにした破綻のない、淀みのない喋り。

敬語を含む、完璧な待遇表現。

そして、部分的なコードスイッチとして「あら、いやだわ」的な可愛げのある女言葉のアクセント。

こうした要素からできあがっている「女子アナ話法」とは、若い女性の日常話法としては現実にはあり得ないものだ。いわば一種のファンタジー、架空の日本語空間と言っていいだろう。

男性が女性の話法にそうしたファンタジーを追い求める一方で、女性たちは男言葉のミックスをはじめ、流行語や隠語めいた短縮形、さらには擬音語的な造語など、バイタリティーあふれる日本語を楽しんでいる。このすれ違い現象には恐ろしいものを感じる。

男たちが生身の女性を相手に「日本語の窒息」を繰り返す一方で、女たちはせっせとドラマを見て、同性の友人たちと空気を使った会話の技術を磨いている、この断裂は深い。

立ち止まる日本語、生かせないその性能

日本語の窒息という現象は深刻である。社会の複雑化と価値観の多様化が、その背景にはあるのだろう。だが、私は日本語が他の言語に比べ劣っているとは思わない。例えば英

語には長所があり、日本語には短所があって、それを是正する方向で考えるという発想は私にはない。

むしろ問題は、日本語がコミュニケーションのツールとして、過剰な性能を持っている点にある。

不要な部分をそぎ落とし、省略表現をすることで、豊かなニュアンスを伝える機能。敬語や、性別の話法などで、関係性の役割を規定し、そこから表現を「外す」ことで多様なニュアンスを付加する機能。

こうした機能をうまく使うことで、日本社会の近代化が進むと共に、さまざまな文化の華が開き、一人一人の人間は日本語による会話を楽しんできた。

コミュニケーションがうまくいっている限りは、日本語は切れ味の良い、効率の良い言語に違いない。

だが、この日本語が本来の性能を発揮するには前提がある。

それは価値観や、常識といった情報が、話し手と聞き手の間で共有されているという前提だ。この前提が崩れたとき、日本語は本来の性能を発揮できないばかりか、機能不全に陥るというわけだ。

それは、日本が誇る光学レンズや、スポーツカー用のエンジンに似ている。

どんなに大口径、高解像度のレンズであっても、焦点が合わなければ写真はボケボケになってしまう。

そして、高性能な大口径レンズの場合、絞りを開いた状態での焦点合わせは難しいのである。

エンジンも同じだ。

どんなに高回転、高出力、高トルクを誇るエンジンでも、バルブタイミングが合っていないと、点火と吸排気のタイミングが狂ってしまう。その結果、エンジンは黒煙を吐きながらエンストする愚かな鉄塊と化すのだ。

現在の日本語の置かれた環境は、せっかくの高性能を生かせずにボケボケの写真を撮ってしまうレンズや、ガタガタという振動と共に立ち往生するエンジンにも似ているだろう。

会話は一人では成立しない。また、男女や社会的地位、年齢といった立場によって異なった話法がある。そのグループごとの話法に、表現の豊かさのズレが生じていることも、日本語が性能を発揮できない理由である。

一方的に喋りまくる管理職が部下の言うことを聞けない、幅広い表現スタイルを持つ女性たちが男性を話し相手にできない、それは高性能なスポーツカーが立ち往生しているのと同じである。日本語にはコミュニケーションのツールとしての潜在能力がまだまだある。だが、空気を失った日本語は惨めである。自動車のエンジンも酸素が足りなければエンストするのである。

第三章　場の空気～『「空気」の研究』から三十年

山本七平の「空気」とは

前章まで、「関係の空気」が日本語におけるコミュニケーションの重要な要素であることを議論してきた。会話に直接出てこない価値観や過去の経緯など、言外の情報を表面的な会話に足し合わせることで総合的なコミュニケーションを進めていくことは、日本語の長所だとも言える。その反面、一旦その空気が欠乏すると、日本語は突然弱点を露呈し、一対一の人間関係を損ねることにもなりかねない。関係の空気と日本語の問題に関しては、そのように仮に結論づけておくことにする。

だが、多くの読者は「それでは空気の問題について点が甘いのではないか」という感想を持たれたことと思う。

本書の冒頭でご紹介した「空気読めよ」というフレーズの示す通り、「空気」の猛威は日本社会を覆っており、どうやらそこには深刻な問題が横たわっていることは否定できない。

この問題は、三人以上の人間が集まった「場の空気」の問題と位置づけることができる。社会という「場」、職場や学級という「場」、政治という「場」などで空気の存在が巨大になっているとして、この問題は「関係の空気」とどう結びつけて考えたら良いのだろうか。関係の空気と日本語に良い相性があるとするなら、場の空気の問題には日本語という言語はどんな影響を与えているのだろうか。

だが、その前に「場の空気」の問題を論じるには避けて通れない本がある。

故山本七平氏の『「空気」の研究』がそれである。ベストセラーとなった単行本は一九七七年の刊行であるが、雑誌連載は七六年であり、すでに執筆されて三十年が経過している。だが、その内容はいまでも説得力を失ってはいない。いや、日本社会を理解する上で、いまでも必読図書のナンバーワンではないだろうか。

山本氏に関しては、七〇年に刊行された日本人論、『日本人とユダヤ人』(イザヤ・ベンダサン著、山本七平訳として刊行された)の実質的な著者として有名であるが、敗戦時のフィリピン・ルソン島での山中彷徨や捕虜体験に根ざした『私の中の日本軍』、日本人論のベストセラー『「あたりまえ」の研究』、さらには中国唐代のリーダーシップを紹介して「創業」より「守成」の困難を説いた『帝王学「貞観政要」の読み方』など七〇年代から八〇年代にかけて、その著書は幅広く読まれている。また、出版社山本書店の社主としてキリスト教関係の専門書、啓蒙書を中心とした出版活動も続けており、評論家でありながら起業家であるという珍しい存在でもあった。

その「山本学」のエッセンスが詰まっているのが、この『「空気」の研究』であろう。

この著作は、八三年以降は文春文庫に入って入手しやすくなっているので、是非一読をおすすめしたいが、本書の論を進める上では避けて通れないので、一部をご紹介することにする。

冒頭で、山本はある教育雑誌編集者とのやりとりを紹介している。それは三菱重工ビル爆破事件（七四年に八名の死者を出した爆弾テロ事件）の際、丸の内のオフィス街に血を流した重傷者が大勢倒れているのに、通行人が「同僚などの知人」が倒れていたら助けようとするが、知らない人間であったら黙殺した、というエピソードに関するものであった。山本は編集者に対して、これは日本には「差別の道徳」があるということの証拠だと言ったのだという。

「人間には知人・非知人の別がある。人が危難に遭ったとき、もしその人が知人ならあらゆる手段でこれを助ける。非知人なら、それが目に入っても、一切黙殺して、かかわりあいになるな」という道徳律が日本にはある、そう山本は指摘したそうである。この問題はある外紙特派員が記事にしたのだそうだが、山本は「それらの批判は批判として、その事実を、まず、事実のままに知らせる必要がある、それをしないなら、それを克服することはできない」、そう言ったらしい。

「差別の道徳」という激しい表現にたじろいだ編集者は「ウーン、そう言われるとこまるなあ」と逃げるが、山本は「日本の道徳は、現に自分が行なっていることの規範を言葉にすることを禁じており、それを口にすれば、たとえそれが事実でも、〝口にしたということが不道徳行為〟と見なされる。従ってそれを絶対に口にしてはいけない。これが日本の道徳である」と攻め立てた。困り果てた編集者は「第一うちの編集部は、そんな話を持ち出せる空気じゃありません」という一言に至る。ここで山本はこう書いている。

大変に面白いと思ったのは、そのときその編集員が再三口にした「空気」という言葉であった。彼は、何やらわからぬ「空気」に、自らの意志決定を拘束されている。いわば彼を支配しているのは、今までの議論の結果出てきた結論ではなく、その「空気」なるものであって、人が空気から逃れられない如く、彼はそれから自由になれない。従って、彼が結論を採用する場合も、それは論理的結果としてでなく、「空気」に適合しているからである。採否は「空気」がきめる。従って「空気だ」と言われて拒否された場合、こちらにはもう反論の方法はない。人は、空気を相手に議論するわけにいかないからである。(『「空気」の研究』)

山本は、ここで自身の従軍経験を踏まえて、一九四五年四月の戦艦大和による沖縄特攻作戦の批判を展開する。ちょうど執筆中の一九七五年の『文藝春秋』八月号に掲載された吉田満監修構成の記事「戦艦大和」中にあった、作戦時の海軍軍令部次長小沢治三郎中将の「全般の空気よりして、当時も今日も（大和の）特攻出撃は当然と思う」という発言をヒントに、この沖縄特攻がいかに「空気」に支配されての決定であったかを断罪していくのである。

この文章を読んでみると、大和の出撃を無謀とする人びとにはすべて、それを無謀と断ずるに至る細かいデータ、すなわち明確な根拠がある。だが一方、当然とする方の主張はそういったデータ乃至《ないし》根拠は全くなく、その正当性の根拠は専ら「空気」なのである。従ってここでも、あらゆる議論は最後には「空気」できめられる。最終的決定を下し、「そうせざるを得なくしている」力をもっているのは一に「空気」であって、それ以外にない。これは非常に興味深い事実である。（『「空気」の研究』）

山本の『「空気」の研究』からの孫引きになるが、この文春の記事「戦艦大和」によれば、菊水作戦という名で知られる沖縄特攻、つまり敵に制海権制空権を奪われた海域を突破して、敵占領地に乗り上げ（自力座礁し）て巨大な主砲を陸上の砲台として逆に敵艦隊を砲撃する作戦は、サイパン島攻防戦の際に検討されているのだという。文春の記事によれば、このサイパン陥落時には「軍令部は到達までの困難と、到達しても機関、水圧、電力など無傷でなくては主砲の射撃が行ないえないこと等を理由にこれをしりぞけた」のだという。その同じ軍令部のメンバーの間に、この沖縄の際にはサイパンの際にはなかった「空気」が発生し、その「空気」が作戦を決定した、そう山本は指摘している。

この際に軍令部の決定を伝えた三上作夫参謀と、大和を旗艦とする第二艦隊の伊藤整一司令長官のやりとりについて、山本はこう書いている。

伊藤長官はその「空気」を知らないから、当然にこの作戦は納得できない。第一、説明している三上参謀自身が「いかなる状況にあろうとも、裸の艦隊を敵機動部隊が跳梁《ちようりよう》する外海に突入させるということは、作戦として形を為さない。それは明白な事実である」と思っているから、その人間の説明を、伊藤長官が納得するはずはない。ともにベテラン、論理の詐術などでごまかしうるはずはない。だが、「陸軍の総反撃に呼応し敵の上陸地点に切りこみ、ノシあげて陸兵になるところまでお考えいただきたい」といわれれば、ベテランであるだけ余計に、この一言の意味するところがわかり、それがもう議論の対象にならぬ空気の決定だとわかる。そこで彼は反論も不審の究明もやめ、「それならば何をかいわんや。よく了解した」と答えた。この「了解」の意味は、もちろん、相手の説明が論理的に納得できたの意味ではない。それが不可能のことは、サイパンで論証ずみのはずである。従って彼は、「空気の決定であることを、了解した」のであり、そうならば、もう何を言っても無駄、従って「それならば何をかいわんや」とならざるを得ない。

ではこれに対する最高責任者、連合艦隊司令長官の戦後の言葉はどうか。「戦後、本作戦の無謀を難詰する世論や史家の論評に対しては、私は当時ああせざるを得なかったと答うる以上に弁疏《べんそ》しようと思わない」であって、いかなるデータに基づいてこの決断を下したかは明らかにしていない。それは当然であろう、彼が「ああせざるを得なかった」ようにしたのは「空気」であったから——。(『「空気」の研究』)

そして、以下の決定的な指摘に至る。

こうなると「軍には抗命罪があり、命令には抵抗できないから」という議論は少々あやしい。むしろ日本には「抗空気罪」という罪があり、これに反すると最も軽くて「村八分」刑に処せられるからであって、これは軍人・非軍人、戦前・戦後に無関係のように思われる。

「空気」とはまことに大きな絶対権をもった妖怪である。一種の「超能力」かも知れない。何しろ、専門家ぞろいの海軍の首脳に、「作戦として形をなさない」ことが「明白な事実」であることを、強行させ、後になると、その最高責任者が、なぜそれを行なったかを一言も説明できないような状態に落し込んでしまうのだから、スプーンが曲がるの比ではない。（『「空気」の研究』）

山本亡き後も猛威を振るう空気

もう十分だろう。山本が九一年に壮絶なガン闘病の果てに倒れて以来十数年、この「空気」は日本社会でますます猛威を振るっている。それどころか、日本の社会全体を蝕《むしば》んでいると言ってもよい。山本の遺志を継いで、この「空気」の問題に関して警鐘を鳴らし続ける人間もいない。そんな中、この『「空気」の研究』という本の存在意義は消えてゆくどころか、ますます重要性を増しているとも言えるだろう。

空気の跋扈《ばっこ》について例を挙げればキリがない。バブルの膨張と崩壊からしてそうだ。巨大な対米貿易黒字がアメリカサイドの批判を浴びていた八六年、前川春雄前日銀総裁（当時、後を継いだのは澄田智氏）による「前川レポート」なる論文が「空気」を醸成し始めると、その前川前総裁の主張した「内需の拡大」というスローガンが、日本列島を覆った。過剰となった資金も流入する中、日本の各地にはリゾートホテルやテーマパークが乱立し、ゴルフ場の会員権はオープンする前から高値をつけた。そんな中、銀行は「何でもいいから貸せ」という「空気」に支配され、企業経営者は「不動産投資」に乗り遅れるなという「空気」に煽られた。

後から考えると、北海道の交通の不便な場所に巨大なリゾートホテルが林立したり、千葉県に一年中稼働の室内スキー場が作られたり、南国宮崎に「波のあるインドア人工海浜」などが作られたり、この時期には全く採算度外視としか言いようがない投資が続いている。外国の映画会社を買収してみたものの、その経営リスクが怖くなって手放したり、外国の不動産を買いあさってては損を出してみたり、まさに空気が猛威を振るったとしか言いようがない。

その後、八九年に澄田総裁の後を継いだ「平成の鬼平」こと三重野康氏が「バブル退治」を目指して金融の引き締めを始めると、あっという間に不動産を担保にした信用は崩壊してしまった。そうした状況下では、悲観的な「空気」がどんどん不動産と株の相場を崩していく一方で、「いつかは何とかなるだろう」という「空気」により問題の先送りがなされ、さらに景気は後退していった。そしてバブル期は右肩上がりで上昇を続けていた不動産価格は下落が止まらず、不動産を担保とした貸し出しが焦げ付き始めた。そんな中、まず九六年の橋本内閣当時には「住専」が大きな問題になった。この際には「公的資金の投入はモラルハザード」という「空気」が強く、問題の解決が長引いた。だが、九七年の拓銀の破綻をきっかけに、長期信用銀行二行の破綻が現実になり、「金融システム」の崩壊が懸念されると「空気」は一転した。何兆円という単位の公的資金が次から次へと投入されていった。一方で、小渕、森両内閣が行った「景気対策」も「空気」のなせる業だったと言えるだろう。

「空気」の利用術ということでは、小泉純一郎という人は恐らく天才だと言える。構造改革、抵抗勢力との抗争、世論に対する拉致問題の使い方、靖国問題、郵政民営化、日米関係、イラク派兵、何から何まで「空気」を巧みに操って政治生命を保ってきた。小泉政権の五年間で、「空気」の濃さはどんどん増し、山本の言う「抗空気罪」はますます厳格になり、その一方で「空気」の流れが左から右へと変わる振幅も大きくなった。

政権発足当初は「改革派」と「抵抗勢力」が拮抗していたのだが、〇五年の秋には「郵政民営化」に賛成しなくてはならないという強烈な「空気」の醸成に成功する。この年の衆議院選挙で圧倒的な勝利を得たのは、他でもない「空気」のなせる業である。郵政民営化反対派が、あのように「空気」を読み間違えて没落したのは「抗空気罪」の恐ろしさに気づかなかったからとしか言う他はない。〇六年に入って「偽メール事件」が民主党の逆風になった際は、それこそ「民主党への失望」という空気が荒れ狂っていた。

拉致問題や対中国、対韓国の問題でも「空気」は猛威を振るった。イラク人質事件の際の「自己責任」という言葉も空気のように伝染していったし、伝染といえばSARS騒動の猛威と健忘症も空気の仕業という側面が大きい。そんな中、恐ろしいことに「空気」に別名がつくことにもなったのである。それは「国民感情」というもので、「靖国問題に対して外国から干渉されて参拝を止めるのは国民感情に照らして云々」であるとか、「米国産牛肉の輸入再開は国民感情を考えると時期尚早」など、今や「空気」が国家の最高権力を握ったというお墨付きを得ている観すらある。

山本七平は『「空気」の研究』収録の別論文『「水=通常性」の研究』で、「水」が差されることで「空気」が消えるという比喩を使って、日本社会における「空気」の収束パターンにも触れている。山本によれば、「空気」を阻止する「水」とは「通常性」なのだという。山本の言葉を借りれば、その通常性とは、「実は、個人の自由という概念を許さない『父と子の隠し合い』の世界」なのだという。つまり「日本の伝統的価値観に基づく情況倫理」と言ってよいだろう。最近の日本社会での出来事はこの「空気−水」の比喩に当てはまってくることに驚かされる。

そのよい例が「はじめに」でも述べた「ライブドア」騒動である。企業買収を重ねて、六本木ヒルズにオフィスを構え、時代の寵児《ちょうじ》として政界進出も目論んだ「ホリエモン」は、まさに「空気」に乗っかって成功を謳歌《おうか》した。堀江流錬金術の基本にあった自社株の時価総額の拡大という方針は、マスコミに堀江自身が出演することで生まれる「風評」が株価を押し上げる中で実現していったということを考えれば、堀江貴文という人物の成功の中身は「空気」以外はカラッポであったとも言える。

そして、その没落も山本七平の言う通りになった。検察庁は「額に汗するものが報われる社会を」というスローガンを、メッセージとして発信しながら堀江の名声を葬っていったのだが、このスローガンこそ「日本の伝統的価値観に基づく情況倫理」に他ならない。山本の言う「水」の典型である。

そう言えば「小泉改革」への反旗を掲げる勢力が問題にする「格差社会論」も「結果の平等こそ正義」という極めて素朴な日本の伝統的価値観に他ならない。思えばバブル崩壊のきっかけになった「平成の鬼平」も「平均的なサラリーマンが通勤圏にマイホームを持てないような事態は異常だ」と言って最初は喝采を博したのだが、これも正しく「水＝伝統的価値観に基づく情況倫理」的な物言いであった。

山本は、この「水＝通常性」にしても日本的な信義の世界での通常性であって、そこには個人の自由などないし、一旦「水」を差して「空気」を止めても、その「水」自体が新たな「空気」を生み出す温床となっていると述べている。そして「(日本には)結局は空気と水しかない」という悲観的な結論に至っている。この指摘に関しては、執筆後三十年を経た現在に至っても、いささかの訂正も要しない。

空気の問題は、社会全体だけではなく、企業や学校といった小社会でも猛威を振るっている。

長時間労働になる理由

例えば、長時間労働の問題などもほとんど「空気」で説明がつく。

よく言われることだが、日本の事務職の労働時間は世界でも最も長い方である。その理由は儀式的な会議が多いことと、意思決定に至るまでに膨大な文書のやりとりを必要とするからである。

私はアメリカの会社の代表としてアメリカ人の同僚と、日本における企業の会議に参加したことがある。終身雇用の正社員全員、管理職はもとより残業手当のつく一般社員、さらには大学を卒業したばかりの新入社員まで全員が出席して、延々と経営幹部のスピーチを聞く。内容は全社並びに各部門の経営方針が中心の抽象論で、実務的な内容はゼロであった。同席していたアメリカ人の管理職は呆れていた。

「新入社員まで集めて、こんな抽象的な話をするなんてナンセンスだ。経費がバカにならないし、秘密が漏れては大変だ。それに若い連中は何を言ってるのかわからないだろう」

正論ではある。だが、私はこう抗弁した。

「バカ言うな。これが日本式経営だ。抽象的な方針が下まで徹底しているから、応用が利くんだ。市場の僅かな変化に対して、現場が方向を変えられるのは方針が徹底しているからなんだ。それに関連する他の部門が何をやっているかわかれば、それぞれの現場はもっともっと合理的な経営ができるんだ」

これも間違いではない。うまくいけば、そういうことになる。だが、本当は違うのだ。日本の多くの会社が儀式的な会議を好むのは、「空気」を醸成して「空気」に基づく決定をする以外には動けないからなのである。例えば、だいたいどこの会社でも、製造部門と営業部門の仲は悪い。製造は「良いものを作ったのに売れないのは営業が悪い」と思い込む一方で、営業の現場からは「こんな売りにくいもの作りやがって」となる。活力のある会社なら、両者が思い切り言いたいことを言い合って最終的には「売れる良いもの」ができるのだろうが、普通の会社ではそうはいかない。どんな新製品を発売するのかは、最終的には「空気」の決定に委ねられるのである。

決定だけではない。その「空気」が全社に行き渡らないと、製造はどんどん走っているのに、営業は全く動いていないとか、開発は最終段階なのに、製造は動きが鈍いというようなことになりかねないのである。決定に当たって「空気」の醸成と流通が不十分であると、正式な計画が下りてきても「オレは聞いていない」の一言で、組織の一部が全体を止めることすらある。

そうなると大変だ。だいたい日本の経営者というのは「調整型」が多いから、こうした場合に営業に対して「コラ、新製品の発売は決定事項だ。お前たちも準備しろ」とは言わない。先行している製造部門は、営業部門に「出向いて」説明しろ、とか「緊急調整会議」をやって「空気」を作れというような「具体的な、しかしどちらの顔もつぶれない」指示をするのが名経営者ということになっている。

さて、その「緊急調整会議」の席上では、ようやく製造と営業の和解ができると「どうして営業がツムジを曲げていたのか」が分かることになる。原因は簡単で「営業部の総決起大会（要するに宴会中心の会議）」に製造が来なかったから、というような些細《ささい》な理由からだったりするのである。

これは極端な例だが、そもそも日本の会社の中のコミュニケーションというのは、表面上の指示や計画ではなく「空気」の占める割合が大きいのである。例えば重要な問題は

「出向いて」話をしなくてはならないとか、目上の人間に対して留守電メッセージを残してはいけないとか、さまざまなタブーがある。メール全盛の時代であるが、経営者が若手も含めて膨大な社内メールを読んで一々返信をしたりということはしない。とにかく、「顔を売って」、面倒なことは「出向く」のが組織を動かすコツだとされる。

さて、そこで出張の重要性が出てくる。恐らく新幹線や国内線フライトの機上で統計を取ってみれば、日本の会社員の出張目的のナンバーワンは「社内会議」だと思う。根回しのため、「空気」を確認する会議のために、人々は毎日出張するのである。この「空気」が日本の事務職の長時間労働を招いているのだ。もしかしたらメール一通、電話一本で済む内容のために一日を潰して出張しなくてはならなかったり、そもそも理由もないのに「今年度、製造部門の営業担当窓口を担当することになりました」などと営業部門に「顔をつなぐ」ために「ちょっと大阪まで行ってこい」などということになるのである。

また会議の席や、「出向いて」説明する際には、資料が重要になってくる。話せばわかるようなことでも、わざわざパワーポイントのスライドを作り、場合によっては資料だけ事前送付して「根回し」をするような人間が「できるヤツ」とされる。管理職が重要なプレゼンを行う際には、だいたい平社員を遅くまで残業させてスライドの「ここが見にくいから変えよう」とか「時間オーバーするとヤバイから練習に付き合え」などとやるのである。そのスライドは「何となくちゃんとやっているという雰囲気」を出し、「任せても大丈夫」という「空気」を作るのが大切な目的なのである。

少子化問題も「空気」がポイント

少子化の問題でも、この「空気の経営」が大きな鍵ではないだろうか。

まず説明したように、膨大な社内コミュニケーションの手間という問題があり、事務職の長時間労働の原因になっている。

非常に仕事のできる女性社員（Aさんとしよう）がいて、その部署の課長が会議で発表するときには、必ずAさんがスライドを作っていたとする。そのAさんが産休明けで復帰した。だが、保育園の「お迎え」があるので、六時半には退社しなくてはならない。Aさんは、五時半までにスライドを仕上げて課長にもキチンと説明した、課長も「ありがとう」と言った。もう大丈夫、だが六時十分に課長に電話が入った。電話を切った課長はAさんを呼び止める。

「常務から電話でな。前の会議では、各部門の発表が抽象的だったから、今回は数字をちゃんと説明してくれって言うんだ」

「そんな、じゃあ作り直しですか」

「常務は、もう前日だからあまり無理せんでもよいと言ってるんだが」

「はあ」

「問題はな、専務もいらっしゃるらしいんだ。専務は経理出身で数字に細かい、知ってるだろ」

この課長はAさんに保育園のタイムリミットがあるのを知っており、この課の同僚もAさんに協力的だったとしよう。スライドの修正は他の社員が行うことになり、Aさんは子供の待つ保育園に急いだ。追加データの入ったスライドは無事完成し、課長は翌日の会議も無難にこなした。

だが、数日後、Aさんは課長に呼び止められる。

「例のスライドだがな。やっぱりキミでないとダメだな。会議では無事に乗り切ったんだが、後で常務からいつもと違って構成が見にくいと文句を言われたよ」

「そうですか。すみません」

この事件をきっかけに、Aさんは「総合職を続けることと子育て」の葛藤に悩み始める。それが決定的になったのは、その次の賞与査定だった。入社以来最低でもB＋の評価を受け続けてきたAさんに、無情にもD評価がつけられていた。

「悪いな。人事部の決定でな。時間外勤務の不可能な育児期間中は自動的にDと決まっているんだ。君の評価が悪いということではないんだよ」

賞与のD評価は昇級昇格の際にも考慮される。要するに職位が停滞するのだ。産休のせいでただでさえ、入社年次の同じ人たちに先を行かれているのに、また一歩遅れを取ってしまった。だが、ここでAさんには異議申し立てをする自由はない。育休や時短の適用を受けている人間は、他の無制限に残業している同僚と同等の権利を主張できないのだ。そこには別の厳然とした「空気」がある。

まず、日本の会社では、やたらに忙しがることが「善」という「空気」がある。仕事のできる人間がサッサと帰宅する際に「お先に失礼します」と謝らなくてはならないように、労働時間の長さが忠誠心という妙な信仰がある。同じ理由で、プライベートの問題で「ソワソワと時間を気にする」人間を嫌う。そして、多くの人間が「忙しさ」を誇るとともに被害者意識を持っているから、出張や残業を「しない」人間のことは、一切認めないか、格下に見たがるのである。

例えば、先に説明した「単なる顔見せの出張」だが、本来はAさんが行くべきなのに、育児期間中のために他の男性に代わってもらった、というようなことがあると、社内に突如「逆風」が吹くのである。心ない男性社員たちからは「だから女はダメ」というようなニュアンスの「空気」が来るし、それを感じた別の女性社員からは「女性がどんどん出張して管理職になっていく時代が来たのに、アンタはその足を引っ張る気？」というような冷淡な「空気」がやってくるということになる。

それ以上に重要なのが「社内世論」という「空気」への参加である。何かにつけて連れ立ってゾロゾロと昼食に行き、退社後はゾロゾロと酒を飲みに行って「上司の悪口、次期社長レースの行方、社内スキャンダル」など最新の「空気」を共有していないと話についていけない、日本の会社の多くにはそうした雰囲気が濃い。そうした意味で、日本の会社の「空気」は、「空気」のわからない人を極端に嫌う。

例えば、鳴り物入りで展開した新事業が行き詰まり、その部門はそろそろ撤退か、という「空気」がジワジワと浸透していたとしよう。その「空気」を知らないで、危なくなった部門の課長さんに「どうですか、売り上げは」なんていう人間には「空気読めよ」の非難が集中するのだ。肝心の課長さん自身は「やあ、君は知らないだろうけどねえ。期待してもらったんだけど、ダメでねえ」というような受け答えをしてくれるのかもしれないが、周囲でこのやりとりを聞いていた人間は、心ない中傷を繰り広げるのだ。

ターゲットはだいたい決まっている。新入社員、中途入社社員、海外帰り、そして産休明けである。

日本の会社という組織はいわば「空気の共同体」であって、この「空気」を共有していない人に対して周囲が向けてくる「違和感」とか「非難」というのは極めて大きいものがあるのだ。それが極端になると、いわゆる「いじめ」という現象になってくる。

例えば産休期間中に、社内報告書のフォーマットが変わったとしよう。このフォーマット変更はなかなか面倒な事件で、変更の際には全社のほとんどの社員が文句を言っていたのだとする。産休明けの社員が、この新フォーマットに四苦八苦するのは当然である。だが、恐らく周囲は助けてくれないだろう。

困った社員が人事部門に相談に行っても、「困りましたねえ。制度や技術の変化に対しては、自己啓発しておいて、いつでも即戦力の状態を保っておく、それが産休の条件でしたからね」などと嫌味を言われるのがオチであろう。そう言えば、産休中も社内報や管理部門からの告知文書は送られてきていたのだが、この社員は子育てに追われてそれどころではなかった。

私は日本企業の人事部門に勤務していたことがある。たまたまその企業は、女性総合職社員に対する産休制度で日本で最も先行していたから、他の企業の人事部門からの見学などに対応したり、自社の事例を紹介しにいったりもした。これは九〇年頃の話で、当時は多くの企業から「よくそんな贅沢なことができる」という目で見られたものである。また、自社内にも目に見えないさまざまな抵抗があった。

その経験から、そしてさまざまな形で伝わってくる情報を総合すると、二〇〇六年あたりになると、やっとのことで日本のほとんどの企業が、この産休制度の定着へ向けての試行錯誤に直面し始めたと言ってよいようである。

だが問題の根は全く変わっていない。産休を取ろう、家庭とキャリアを両立しようという女性には、あるいは男性も同じだが、企業内に蔓延している「空気」が敵として立ちはだかることになる。まず「空気」のおかげで長時間労働を強いられるし、長期の休暇や離職などとんでもないという「空気」と戦わなくてはならない。

そして幸運にも産休を取得することができ、復職に成功しても、今度は「お前は空気を共有していない」という「空気」に押しつぶされそうになるのである。場合によっては、仕事以外に子育てという重要な使命を帯びている人間の醸し出す異質性も、周囲の「空気」には敵視の対象となる。職場が繁忙期を迎えて殺気立っているのに「子供が熱を出しました」と日の高いうちから早退する人間を職場が嫌うのは、生産性云々という〝高尚な〟理由からではない。職場の空気を乱す、ただそれだけなのだ。

最後は山本七平の言葉を借りれば「抗空気罪」に問われそうになるのだから、長期間の職場離脱も子育て中の勤務も、現在の日本の職場風土では本当に大変であると思う。ようやく多くの女性にキャリアを追い求める権利が与えられたのは喜ばしいことである。だが、彼女らが、あるいは彼女らの夫を含む夫婦が、日本社会を担う次の世代を生み育てようとするとき、それを阻むのは、この日本企業に蔓延する「空気」という怪物なのである。

教育現場を席巻する「抗空気罪」

教育の現場の抱える問題も、「空気」の存在を見てゆけばかなり見通しがつくのではないだろうか。

例えば、いじめや不登校の問題は「空気」の問題そのものだろう。第二章で述べたように、ある特定の生徒がいじめの対象になるのは、「抗空気罪」を犯したからであるし、不登校というのは、特定の「空気」に染め上げられた学校という空間から自分を防衛するための緊急避難であると思えば、ほとんどのケースは説明がつくのではないだろうか。

茶髪の生徒に黒いスプレーを浴びせる教師がいたり、「君が代」の伴奏を拒む音楽教師に対して教育委員会が執拗な攻撃をするのも、秩序維持という官僚的な自己防衛本能であるとか、反逆者の「強さ」への嫉妬というような分析よりも、とにかく「抗空気罪」なのだと考えるのが、説明として一番スッキリするだろう。

小学校の低学年を例外として、日本の公教育では、生徒が授業時間内に挙手をして質問をする習慣はほとんどなくなってしまった。これも、才気走った質問は教師にも級友にも嫌われる、愚かな質問に時間を取られるのを教師が嫌う、といった個別の問題では説明として十分ではない。こうした個別の反感を集成した「空気」があって、漠然と「手を挙げて質問はしない」という「空気」が教室を満たしているからであろう。

私の知り合いのアメリカ人で、日本でALT（Assistant Language Teacher）として学校で教えた経験のある人がいる。彼によると、授業でネイティブの発音を教えても、中学校以上の生徒はなかなかマネをしてくれない、という〝障壁〟に悩む外国人講師が多いのだそうである。これも「空気」のせいである。

子音やアクセントの正確な英語は「気取っている」から「いけない」という、何とも卑屈な空気が中学生の世界まで蝕んでいるのだ。私は、日本語で育った人間が多少母音の強い「日本人のアクセント」の残った英語で話すことは別に恥じる必要はないと思う。だが、わざわざ日本風の発音にこだわる必要はないし、まして細部の正確な発音を煙たがる必要はないだろう。巨額の国家予算を使って英語教育を進めても、意外なところで「空気」が邪魔をしているのだとしたら壮大なムダと言わねばならない。

では、日本の社会ではどうして「空気」が蔓延するのだろうか。特定のムードが社会全体を一色に染め上げて、常識では考えられないような極端に走ったかと思うと、たった一つ二つのきっかけでそのムードは雲散霧消する。まるで人々は「空気」に翻弄されているかのようである。山本の言う「絶対権力」とか「妖怪」という表現はまさにその性格を言い当てているのだが、その背後にあるメカニズムは何なのだろう。

アメリカにも「空気」は存在するが……

原因の分析に入る前に、他の国の事情はどうであろうか。もちろん、この「空気」の支配というのは日本社会だけのことではない。セプテンバー・イレブンス以降のアメリカを覆った、漠然としたテロへの恐怖と「テロ支援国家」への敵愾心《てきがいしん》などは「空気」の典型であろう。女性や少数民族に配慮して「アンカーマン」を「アンカーパーソン」と言い換えたり、「ミス、ミセス」を「ミズ」とさせたのも「空気」の力なら、国旗や国歌、軍人などにやたらに敬礼を強いているのもアメリカの「空気」である。四年に一度の大統領選挙に至っては、勝敗を決める「モメンタム（勢い）」なるものは、日本の政界の「空気」と何も変わらない。

そう考えれば、日本社会の「空気の支配」といっても日本独特のものではないという反論も可能といえば可能である。事実、九〇年代はじめから米国で暮らしてきた私には、アメリカ社会における「空気の支配」は年々強まってきているようにも見える。

だが、そこには明らかに程度の問題がある。アメリカの大統領選挙は「空気」の争奪戦だといっても、一定のルールに基づいたものだ。各州の草の根の予備選挙に始まって、党大会での候補指名、そして両党候補の一騎打ちという一年以上の長期レースを戦う制度は、候補者が一時の「空気」に乗ることを許さない。選挙期間中にクルクル変わる「空気」を前に各候補がどう戦っていっているのか有権者もメディアも厳しい目でチェックする。その集成が支持率という数字として候補者に突きつけられるのだ。いわば、アメリカの大統領選挙とは「空気を操る、あるいは空気に負けない」という候補者の能力を延々と試すプロセスなのだとも言えるだろう。

日本とアメリカの「空気の支配」に大きな差が出るのは、例えば山本七平が『「空気」の研究』で散々憤ってみせた公害問題が典型だ。イタイイタイ病とカドミウムの因果関係を研究している科学者が、カドミウムの金属棒を新聞記者たちに見せたところ、新聞記者たちが「ワッといってのけぞって逃げ出す始末」だった、というようなエピソードを紹介しながら、山本は公害問題という「空気」を客観化して見せている。このエピソードが示すように、日本の公害問題は「公害イコール究極の危険」という「空気」、さらには「公害企業イコール究極の悪」という「空気」に対して「国策としての産業振興」が逃げ回るという構図で進んできた。

アメリカの公害問題は、例えばジュリア・ロバーツがアカデミー賞の主演女優賞を受賞した映画『エリン・ブロコビッチ』が活写しているように、あくまで民事訴訟が主である。損害を受けた側は、損害を科学的に立証して裁判所で被告側と対等の立場で戦い、その立証に成功すれば多額な懲罰賠償を受け取れる。以降は懲罰賠償の危険を感じた企業側は自主的に公害防止の努力をするという仕組みである。企業の買収が起きて、新しいオーナーになった後で公害問題が明るみに出れば、新オーナーが責任を負うことから、企業買収の精査(デューディリジェンス)の際に環境への影響を厳密にチェックするのだ。そこには「空気」の入り込む余地は少ない。

職場の雰囲気もそうだ。アメリカの職場には「空気の共同体」という雰囲気は日本よりずっと少ない。もちろんそれゆえに生産性が悪い場合もあるし、何よりも従業員を簡単に解雇できる制度には問題点も多い。だが、経営が空気に頼らないことで、新しい人材がサッと組織を動かせる、意思決定が速く決まったことに皆ちゃんと従う、というのは大きなメリットである。

アメリカの教育は、どうして風通しが良いのか

教育現場でも、日本と比較するとコミュニケーションの風通しは良い。

例えば、授業中に生徒は質問やコメントを言うことが許されている。いやそれどころか成績の重要な要素（クラスへの参加）として奨励されている。従って、実力のある生徒は教師に対して「下克上」をやっていいのである。

もちろん、教師が生徒の「下克上」に対処するのは難しい。これは世界共通の問題である。教師は明らかに生徒より知識と能力が優れているという前提で教師をしているのだが、その教師が教室の衆人環視の中で生徒から挑戦を受けたとして、その状況に対処するのは難しい。

そこでアメリカでは、下克上の挑戦をされたときの教師のセリフは決まっている。

「いい質問ですね」

あるいは

「いいポイント（指摘）ですね」

と言って挑戦者を思い切りほめるのである。心の中では「面倒なこと聞きやがって」と思いながら、そんな表情は全く顔に出さず、生徒を思い切りほめておいて時間稼ぎをする。そうして何とかその場を取り繕うことになっている。

取り繕うというと語弊があるが、唐突な、しかも明らかに教師より優れた資質を誇示しようというような学生からの質問に対処するのは大変だ。何とかその場を切り抜けるために詭弁や論理のすり替えをすることもあるだろう。だが、誠実な教師の場合は、それでは自分のプライドが許さないから、「やられた」と思ったら、持ち帰って必死になって聞かれたポイントを調べるのである。調べて足りないところは自分で考え、最終的には挑戦してきた生徒が考えもつかないような新鮮な理論を組み立てて、次の授業で紹介し学生を圧倒するのである。圧倒しておいて尚「君の質問のおかげで勉強させてもらったよ」と〝シャアシャア〟と礼を言って、中にはその議論を基に論文を書き、著書に仕立てた際には、学生への謝辞まで入れる教師もある。

従って、本当に「できる」教師は、学生が質問してくると目を輝かせ、しかも自分が即答できないとその質問をノートに取って喜んで持ち帰るのだ。中には、学期の最初に「自分が答えられないような新鮮な質問をした学生には成績の上で追加のポイントを進呈する」と宣言する教師もいるぐらいである。

私はここで、アメリカの教育制度が優れていると述べるつもりはない。いま紹介したエピソードは良い例であって、アメリカにもダメ教師はたくさんいる。また、教室内での自由な質疑応答よりも定型的な訓練の反復を重視する日本の初等中等教育が、明らかに効果を上げてきた点を過小評価すべきではないとも思っている。その意味で、日本の公教育に欠けている部分を塾が担ってきた現実も全面否定すべきではない。

さらに言えば、アメリカの「授業中の質問は大歓迎」というシステムが、バカバカしい質疑応答を大量に生み、無能なくせに能弁な学生を大量生産する壮大なムダを生じているのも事実だ。

だが、アメリカの場合は、とりあえず挑戦を受けた教師は「いい質問だねえ」と言って「空白の時」を避けることができるのだ。鋭い質問を受けた教師が、何も言わずに黙ってしまっては気まずい時間が流れてしまうが、「いい質問だ」とほめておけば、腕を組んで黙っても「オレは誠実に考えてやっている」という雰囲気を保ってその場を切り抜けることが可能になる。

だが、日本の教室には「先生は目上、生徒は目下」というヒエラルキーの構造を反映した言語しかないのである。そこで、

「関係ない質問はするな」

とか、

「どうせお前、答えはわかってるんだろう」

という形で先生は怒鳴るしかない、そんなことになっていったのだろう。

この問題に対しては、教師の質の向上などという対策を待っているヒマはないのではないだろうか。何はともあれ、そこに「適切な言葉がない」状況を何とかして、日本語の窒

息を解かねばならない。教師の端くれとしての私の経験からいえば、「気まずい沈黙」に慣れっこになってしまう、つまりマヒするというのは恐ろしいことだと思う。それは、教師と生徒のコミュニケーションの断裂を通じて、若々しい好奇心や真理への探究心、他者への尊敬と自尊感情のすべてを劣化させるからである。何よりもコミュニケーション能力の訓練というのは、教育の重要な目的であるはずだからだ。

もちろん、「ヒエラルキーの下からの下克上」に対して「平然と受け流す」というのは、相当に強固な自尊心と幅広い言語表現力がなければできない相談である。だからこそ、何らかの「確立した話し方」があって、それに従って生徒の挑戦を許し、教師はそれによって傷つかない仕組みを作るしかないのではないだろうか。

私はもとよりアメリカの社会制度が全面的に良いとは思わない。だが、この「空気」の問題に関しては、程度の問題ではあっても、日本社会は異常であると言っていいだろう。では、この「空気」はどうしてここまで蔓延するのであろうか。山本七平の『「空気」の研究』から三十年を経て、いまだに、いやますます猛威を振るう日本社会の「空気という妖怪」を生み出しているのは何なのだろうか。

第四章　空気のメカニズムと日本語

日本語という空気発生機

日本社会が「空気」を蔓延させている理由として、山本七平は「臨在感的把握」という文化を指摘している。何か物質があるときに、その物質に「神」のような超越的なものを感じてひれ伏してしまう。「リンザイカンテキ」という山本の説明はどうもそういうことらしい。この感覚が「空気発生機」だというのである。

山本は『「空気」の研究』の中で、何とも奇妙なエピソードを紹介している。大畠清という聖書学者が、イスラエルでイスラエル人と日本人の共同チームによる墓地遺跡の発掘をしていたときのことである。一週間ほど人骨の収集と整理を続けているうちに、日本人の発掘メンバーは全員が体調を崩したのに対して、イスラエル人たちはピンピンしていたのだそうだ。つまり日本人は「墓地の空気」にやられたというのである。

前章で紹介した「カドミウムの棒」に対して卒倒しそうになった新聞記者の話と合わせて、とにかく単なる「モノ」に超越的な価値を感じてしまう心性を日本人は持っており、「空気」の蔓延はその結果だというのだが、果たしてそうであろうか。

私は、むしろ日本語に多くの問題があり、日本語の特質が「空気」の蔓延を許す大きな原因ではないかと考えている。以降、この問題を具体的に見てゆくが、その前に第一章から第二章で考えた「関係の空気」について振り返ってみよう。

人と人が一対一で向かいあうときには、双方既知の情報はむしろ「言葉に出さず」言語外のコミュニケーションに委ねることで、かえって既知の情報を共有しているという実感は強くなる。このような省略表現や婉曲表現の使用、敬語や俗語の表現を使うことによるお互いの関係の確認、さらには比喩や略語、ニックネームなどの内輪の暗号による仲間意識の確認など、言語表現とその周囲には、明らかに「空気」が存在した。そして、基本的に一対一の人間関係の場合、その「関係の空気」が濃いことは関係が良好であるか、少なくとも近い関係であるということが言えるだろう、そのような議論もしてきた。

ということは、この一対一の「関係の空気」は良いもの、少なくとも必要なものだと言って構わないのだろう。なぜならば、家族にしても恋人にしても、友人や同僚、クラスメートにしても、一対一の関係とは何らかの過去の共有を伴っているからである。英文学者の吉田健一風に言えば、一対一の関係とは共有された過去の集積だとも言える。過去が共有されていれば、当然それは会話の前提条件になり、「あれね」「ああ、あれか」というような指示代名詞で会話を進めたり、大事なことでも言外の世界に追いやることが可能だ。そして、そこに問題はない。

「場の空気」という妖怪

だが、三人以上が集まった「場」での「空気」となると話が違ってくる。山本七平が指摘したように、この「空気」つまり「場の空気」は、日本社会を蝕む妖怪に化けてしまうのである。この著しい違いは何なのであろうか、人間が二人であれば「善玉」と言える「空気」が、三人以上の場では「悪玉」になってしまうメカニズムはどう説明したら良いのだろう。

まず、日本語の最も得意とする婉曲表現に注目してみよう。

第一章で見てきたように、職場の上司と部下の一対一の関係では、

「オイ。例の件、大丈夫かね」

「ああ、例の件ですか」

というような婉曲表現には何の問題もない。仮に「例の件」というのがどれを指すのかあいまいであったら、

「すみません、例の件ってどの件ですか。最近は販売の方も厳しいんで問題だらけですから、そうじゃありませんか、部長」

「いやいや、すまなかった。製品Bの過剰在庫の件だよ。オレとしては、あれが一番心配なんだ」

という風に、聞き返すことはそんなに難しくない。問われたほうも、相手を傷つけずにちゃんと答えれば済むことである。だが、三人以上となると話が変わってくる。同じ部長が、この部の全体会議で同じように「例の件」と口走ったとしよう。会議の散会間際にやはりこの件が心配になった、設定はそんな状況である。

「……ということで、会議を終わるが、そうそう、忘れないうちに言っておくが、例の件は諸君なんとか頼むよ」

「あ、あの、部長、例の件って何ですか」

「何ですかって、寝ボケたことを言うな、バカ」

仮にその「製品Bの過剰在庫の件」が深刻な問題であればあるほど、この「何ですか」は部長の怒りを買うに違いない。なぜならば、部長としてはわざわざ「例の件」と婉曲に言ったのは、この件が重要だからであり、部員の全員が即座に反応すると考えたからである。その思いは「例の件」と言った瞬間に「空気」としてその場を支配してしまう。

「忘れないうちに言っておくが、製品Bの過剰在庫の件は諸君なんとか頼むよ」

と口に出して言ってしまうと印象が弱くなるのだが、参加している人間の既存知識に助けてもらいながら「例の件」と遠回しに言った方が、結果的に聞き手の印象は強くなるだろう。その意味で、婉曲表現を使った動機は一対一の場合と同じである。だが、決定的に違うのは、集団の場合には「例の件」で全員が同じようにピンと来るとは限らないということである。それだけではない。「ピンと来た」方のグループの間では、改めて部長の発した「空気」が濃くなっているのだ。そんな中で「例の件って何ですか」というような質問を発することは、第一に部長の強調表現を無にした悪いヤツであり、第二にその場の空気を乱した「抗空気罪」ということになってしまう。

この「何ですか」という社員が、明らかに職務怠慢であり、経営上の危機感が不足しているのなら反省も必要かもしれない。だが、前章で見てきたように、往々にして「中途入社」「海外帰り」「産休明け」などの「異分子」はターゲットにされやすいのだ。「例の件って何ですか」と聞いた途端に非難を浴びせられるのであるが、それもこれも「例の件」という婉曲表現のせいである。

「空気発生機」としての略語、造語

婉曲表現と同じように「空気」の発生源となるのが略語、造語の類《たぐ》いだろう。いまでも日本の経済界には、社内用語の発達している会社は活力がある、という伝説がある。活力が本当にあるかどうかは別として、日本の会社はとにかく略語、造語が大好きだ。例えば「営業第三部門」が「営三」とか「エーサン」、「中野三丁目ビル」が「N3」とかいうのはまだ可愛げがある。学校を出たての新入社員がビルを間違えても笑い話で済むだろう。問題は概念語だ。例えば、ある会社の総務部門が大変な残業時間を記録して社長の怒りに触れたとする。社長は全社会議の席上で残業の問題について「事務効率が悪い。経費がムダ。企業イメージを損なう」と罪状を挙げて「訓話」をし、「ダラダラ残業追放」というスローガンを全社に徹底するよう指示したとする。ダラダラと残業するのはダメというのは、生産性という面でも、職場と家庭生活の両立という意味でもなかなか良いスローガンだと思える。

そして、そんな「悪くない」指示というのは、たいてい誰ともなく短縮形に言い換えてスローガン化されるものだ。そうして「ダラ残追放」という「ピシッと締まった社内用語」が普及する頃には、「空気」が社内に蔓延することになる。しかしその時の「空気」とは、残念ながら「生産性を向上しよう」でも「家庭と仕事の両立」でもない。こうした場合「数字としての残業時間を減らせ」という「空気」に単純化されるのがオチである。

こうしてオリジナルの「ダラダラ残業追放」という語の持っていた主旨は消えうせて、「ダラ残追放」という〝符丁〟と共に「数字」との格闘が全社で始まる。たまたま新製品の開発で繁忙期を迎えていた部門でも、「ウチもダラ残だと言われたらマズイぞ」という部長の鶴の一声で、残業時間の規制が始まる。

そうした場合、経営者のセンスがよほどないと、この会社では膨大な「サービス残業」を発生させてしまうことになるのである。そもそも社長が残業を減らせと言った背景にある「主旨」は消えうせて、数字の管理が一人歩きし、最終的には社内を暗くするような「サービス残業体制」を生んだのは何だろう。それは「ダラダラ残業追放」という言葉を「ダラ残追放」という「社内用語」に変えたことで発生した「空気」のなせる業である。

これと似たような構図がもっと大規模に起きたのが「リストラ」という言葉である。この言葉は元来「リストラクチャリング」というアメリカの経営用語であった。時代の変化に対して、企業の組織を「再構成」して活力ある企業組織に変えようという積極的な意味がそこにはあった。もちろん、不採算部門の閉鎖やそれによる人員整理も伴うかもしれないが、経営の手法としては前向きの意味合いであった。日本に紹介されたのは九〇年代のはじめだと思うが、その頃はまだ「リストラクチャリング」という長いオリジナルのままであったし、内容にも前向きなニュアンスが残っていた。

だが、それが「リストラ」という四文字の略語になると、前向きな意味合いは消えうせて「不景気のせいで解雇する（される）」という極めて限定的な負の意味合いに変化してしまったのである。その結果として、日本の社会は実に暗くなった。九〇年代の後半以降「リストラ」というカタカナ四文字の対象にされた場合はもとより、「リストラされるのでは？　リストラされたら？」という不安を抱えただけで自殺に追いやられた人間も相当数に上るのではないだろうか。何ともやり切れない話である。

こうした例を通して、「空気発生機」の一つとして日本語、それも「例の件」というような指示代名詞的なもの、あるいは「リストラ」というような略語の存在を指摘できるだろう。

人に対するニックネームも同様である。メディアが堀江貴文を「ホリエモン」というあだ名で露出させていったのは、資本の力を押し出す合理主義を「ドラえもん」に引っかけた愛らしい名前でオブラートに包んで認めようという社会の空気のせいであった。そしてその空気が消えるとともに、ニックネームも使われなくなったのである。

「場の空気」と権力

もちろん、このメカニズムは、第一章で論じたように一対一の「関係の空気」のメカニズムと一緒である。空気を作り出すのは、多くの場合は省略表現、指示代名詞、略語、ニックネームなどの「暗号」である。暗号を使った会話には、暗号化（エンコーディング）と復元（デコーディング）をするために必要な、暗黙の共通理解があり、暗号化をすることが「共通の理解を持っている」ことの確認になる。その「共通理解」が「空気」として日本語のコミュニケーションの重要な要素となるのだ。

では、人数が三人以上の「場の空気」では、「関係の空気」と何が違うのだろう。

まず、指摘できるのは、「場の空気」というものは、ある種の権力になるということである。「空気」が「妖怪」のようにその場を支配する、というのは「空気」に対して人々が抵抗できないということである。その「空気」に抵抗する人間には「抗空気罪」が適用されるというのも、その「空気」が権力であることを示している。では、一対一の場合はどうだろう。仮に暗号がうまく「復元」できなくても、「例の件、って言ってもいろいろあるじゃないですか。その例の件って何でしたっけ」と聞き返すのはそれほど難しくない。だが、大勢の集団の中では「例の件」は「例の件」以外の何ものでもあってはならず、それが何だかわからない人間、ましてその場で「何ですか?」と聞くような人間には「抗空気罪」が適用されてしまう。

それは集団の中では「暗号が復元できた人間」と「できない人間」の間には決定的な溝ができてしまうからである。「復元できた人間」は、暗黙の了解事項を知っていたために話者の意図が復元できたのであり、これに加えて話者がわざわざ暗号化して表現した「強い思い」も理解できる。だが、「復元できない人間」は、事実関係として情報の受信に失敗しただけでなく、表現の意図やニュアンスも全く伝わらないということになる。

実はそれだけではない。「例の件」が何だかわからなかった人間は、わざわざ「暗号化」して話した話者の期待する「話し手と聞き手の間に生まれる親近感」から完全に疎外されてしまうのである。この「わからなかった疎外感」の一方で、話し手とわかった方の聞き手の側には「わからないヤツのいる不快感」が生まれる。その結果として、全体的には「わからないといけない」という強迫観念、さらには「それが正しい」という強制と「反対するヤツは許さない」という攻撃性まで備えた「空気」が醸成されることになる。

このメカニズムは、一対一の場合には起きにくい。集団の場合にのみ起きる現象であって、本書ではそのために一対一のものを「関係の空気」、集団におけるものを「場の空気」として区別しているのである。

このような「暗号化」による「場の空気の権力化」には、いくつかの特徴がある。

まず指摘できるのは意味の単純化である。日本語の「暗号化」能力が高度であることは、第一章で議論した通りであるが、話し手と聞き手が「前提条件」としての「暗黙の了解事項」がどこまで揃っているかは、二人であれば確認できるが、三人以上になればすべてを把握するのは難しくなる。もちろん、理解の差から疎外されてしまう人間が出てくるのだが、完全に「わかりません。何ですか」と言ってヒンシュクを買うレベルまで行かなくても、人数が多くなれば複雑な前提条件の共有は不可能である。そこで、いつのまにか当初の意味が単純化することになる。先ほどの「リストラ」が良い例だが、「企業再生のための積極的な組織改革」などという面倒な概念はなかなか伝わりにくい、一方でその中の「痛みを伴う人員整理」というのはイメージしやすいのである。その結果として、同じ言葉が略語になると共に意味までが単純化されるということになる。

単純化されて、オリジナルのニュアンスが失われても、言葉として意味がハッキリしていればまだ使いようがある。だが、暗号が一人歩きして「空気の権力」を醸し出す際には、意味が明確でなくなることがある。例えば「構造改革」であればまだイメージのしようがあるが、これが「改革」ということになると、果たして何の改革なのかハッキリしなくなる。だが、権力的な性格はかえって強くなっている。それは、言葉が権力化したときには、反論を許さないだけでなく定義の再確認も「お前わかってないんだな」という強圧の前には躊躇《ちゅうちょ》されてしまうからであり、そんな中で暗号のような言葉が権力のスローガンになると、暴走が止められなくなるからである。

対等性の喪失と、場の空気の権力化

暗号表現によって、「場の空気の権力化」が起こる際の大きな特徴として、話し手と聞き手の間に共通の言語空間が失われる、あるいは話し手と聞き手の間の対等な関係がなくなるということが挙げられる。「例の件」の場合で言うと、部長の方は居並ぶ部員を前にして「例の件」と言う自由がある。だが、部下が同じように「例の件」というような暗号を使って、対等に会話を進めることができるかというと、それはノーである。

例えば、部長が「例の件、頼むぞ」と言って、その際に部長の横で「部員に成り代わって拝聴」していた課長が「例の件ですね。わかりました」と言うことはあるだろう。だが、それは集団の前であっても、あくまで「疑似一対一」の会話だから許されるのである。例えば、そこで課長が立ち上がって「それでは部長のご指示を受けて、例の件、みなさんよろしく頼みます」などと発言するようなことはあまりない。まして、営業部門などに特有の「エイエイオー」的なスローガンの唱和スタイルで、「それでは部員一同、例のけーんの達成へ向けてがんばるゾー」と大声で叫ぶなどということもあり得ないのである。

それは「例の件」というような暗号表現など、ニュアンスを伝えて「場の空気」を醸し出す表現は、その場にいる権力者にしか許されていないからである。いくら「例の件」という暗号が場の全体に伝わって、その場が「例の件がんばろう」というムードで染め上げられても、それを大声で唱和してしまっては「秘義的」なパワーが失われるのであり、従って「例の件」という発語は権力者にしか許されない。

こうした「三人以上の場における会話スタイルの不公平」は、第二章で見てきたような「日本語の窒息」のメカニズムと同じである。一方が「だ、である」調と「です、ます」調の「コードスイッチ」を仕掛けてきて説得力のある話し方で押しまくると、他方との間にあった「関係の空気」が失われるというのと、起きていることは同じだ。ただ、一対一であれば「関係の空気」が消えれば明らかに冷たい雰囲気が生まれ、言葉が途切れると共に関係も悪くなっていく。ところが、「場の空気」の場合には、一方的に会話のイニシアティブを取ることが許されてしまうのだ。いやそれどころか、「場の空気」を支配することで、会話の一方性はどんどん暴走してゆく。

ダジャレも権力にしてしまう空気の魔力

先ほどの「例の件」の場合もそうだが、似たような例としては、ユーモア表現、比喩表現などがある。現代の日本語では、ユーモアや比喩は、その場の権力者の権力の確認に使われることが多く、話の相手との対等性というのはほぼゼロである。端的な例がダジャレである。酒の席などで、たまたまダジャレの得意な同士が似たようなネタを紹介しあって盛り上がるとか、あるいは即興でダジャレを考えながら会話を進めるというようなことはある。だが、大勢が集まった場でのダジャレというのは、必ず一方的になるものだ。

大きな会議の席上、あるいは公式行事に伴う宴席のスピーチなどで、あるいは三、四人のなんということのない談笑の中ででも、ダジャレの許されるのは基本的にその場の最高権力者だけである。

「ええーと、久しぶりに営業部に戻って参りまして、皆さんと仕事ができるのは大変気分が良いのであります。営業はえーのう、とか何とか言いまして、ハハハ」

ガ行音とナ行音の不揃いを無視して、最初の「エイ」だけの一致をネタにしてくるのだからダジャレとしても最悪の部類だと思うが、とにかく新任の営業部長の挨拶であって、その部長がその場の権力者であれば許されるのである。むしろ出来の悪いダジャレの方が効果的という面もあるからだ。恐らくこの場合は、これ以上いい出来のシャレよりも、この程度の方がその場の雰囲気作りとしてはうまくいくかもしれない。というのは、下手なダジャレというのは、「自分は切れ者ではない」とスキを見せながらも、部下に「下らないシャレに笑って服従の姿勢を示す」ことを強要して組織を把握するポリティクスがあるからである。

若い世代や女性の社員がこうしたダジャレの用法を「おやじギャグ」と言って、陰で軽蔑するのは、そうした権力ゲームの中に腐敗した臭いを感じ取っているからに他ならない。その腐敗の臭いというのは、非対称性ということである。その場にいる部員たちは、ただ笑うことを強いられているだけであって、同じような言語空間に参加することは許されていないのである。たまたま機転の利く「営業部宴会部長」のような若手が、とっさに、

「えーのう、えーのう、営業部長はえー部長」

などとマネしても場は白けるだけだ。それは「部下からは部長は良い部長と言わなくてはいけないと決まっているのに、わざわざ部長を良い部長と言うのがダメ」などという難しい問題ではない。その場において、ダジャレのような複雑な「空気発生話法」を許されているのは、部長だけなのである。部下が対等にそれに参加しようというのは、たとえ内容が部長への「ヨイショ」であろうと、敬語的な表現が入っていてその場の上下関係に混乱がなかろうと、ダメなのである。

小泉レトリックと空気の権力

比喩的な表現もそうだ。〇四年六月に、年金加入問題の嵐が政界に吹き荒れていた頃、勤務実態のない会社から給与を受け取り厚生年金にも加入していたとして、小泉首相が非難を浴びたことがある。国会の論戦の中でこれを追及した民主党の岡田克也代表(当時)に対して、小泉首相が「人生いろいろ、会社もいろいろ」と答えたのは有名な話である。

年金問題の「空気」を別にしても、この問題は現在の政治資金規正法に照らして考えれば灰色なケースである。だが、メディアは騒いだものの首相は逃げ切ってしまった。

この際に、岡田氏が「バカを言わないで欲しい。ワイロにもいろいろ、受け取る政治家もいろいろということか」とでも切り返して、首相が感情的になるようなことでもあれば事態は違ったかもしれない。だが、こうした当意即妙のやりとりは起きなかった。これは、岡田氏のアタマが硬いから、ということもあるのかもしれないが、日本語の会話様式の中では、こうしたレトリックの駆使というのは、一方的と決まっていることに原因があるのではないだろうか。

こうしたレトリックに対抗する力というのは、「クイックシンキング（とっさに考える力）」と言って、例えば英語圏などでは政治家や実業家になるための素養として重視される。だが、日本ではそもそもレトリック的な表現に対して、相手が乗っていって同じ土俵の上でやり合う習慣が消えてしまっているのだ。その結果として、言葉の巧みな人間が権力を握るとどうしても暴走することになる。

小泉レトリックの真骨頂は、〇五年八月の郵政民営化を争点とした衆議院解散の際のものであろう。「それでも地球は動く」と、ガリレオ・ガリレイの名言をひいて、郵政民営化への反対は許さないという気迫を見せると、多少の批判はあったものの、結局はその気迫が「空気」となって全選挙区を覆うこととなった。だが、こうしたレトリックに対して、「小泉さんは太陽にでもなったつもりかもしれないが」と皮肉を言ったり、「そこまで『コペルニクス的転回』をしたのなら自民党は解党して出直したらどうか」というような「洒落た」反論は出なかった。批判といっても「ガリレオは科学的真理を言ったのに、小泉さんは政治的で主観的な主張に使った」とか「ガリレオが言っているのは少数意見の尊重という意味だ」というようなバカ正直な解説しか出なかった。レトリックにはレトリックで対抗して、その話術で相手を圧倒するのが「空気」争奪戦の定石ではないかと思われるのだが、どうしても日本の社会はレトリックに幻惑されてしまう。そこには対話様式の非対称性という問題があるのではないだろうか。

非対称性といえば、第二章で見てきたように、最近流行りの「コードスイッチ」も良い例だろう。

「いいですか。改革っていうのは重要なんだ。わかりますか。この選挙の結果で日本の将来が決まるんです。大変だ。ここでがんばらなくちゃ、そう思っておるのであります。私は一歩も引かない。引きません。この公約を、心から皆さんに問いたい。どうぞ、よろしくお願いします」

まあそんな調子で、昔から選挙演説にはこうしたコードスイッチが多少はあったと思うが、現在ほど堂々と流行している時代はないだろう。ここにも非対称性がある。「です、ます」と「だ、である」を混ぜることで、遠近感、硬い感じと軟らかい感じ、間接的なイメージと直接的なイメージといったメリハリをつけることができるが、その結果として言語表現としては一方的なものになる。反論を許さない、質問も許さない、ただ聞いていなさい、という雰囲気が濃厚になる。

ここ数年の流行では、助詞抜き表現というのもある。「この改革やり抜くまで」とか「反論言う人間許さない」というような類いである。この両例では、それぞれ目的格助詞の「を」が抜かれているが、確かに無くても意味は通る。そして、語気の強いイメージ、スピード感もある点が好まれるのだろう。また、最近のテレビではドラマ以外のほとんどの番組に「かぶさっている」テロップが原因かもしれない。字数の関係で、NHKのニュースに入るテロップですら「助詞抜き」が散見されるのだが、その影響もあるだろう。

こうした「助詞抜き」のスピード感にも非対称性がある。例えば、インタビューに際して、政治家が助詞抜きを乱発したとしよう。

「ですから、改革やり抜く中で、政治前へ進めよう。そんな方針徹底しますから」

「ハア、そうですか……」

とにかくインタビューをする側はやりにくい。

「〈政治前へ進める〉、というのは具体的には何を中心にされるんですか」

と引用した形を取ってみても、どうにも不自然である。結局は、

「政治を前へ進める、というのは具体的には何を中心に……」

と引用の際に「を」を補ってみることになるのだが、こうなると対話は完全に非対称になる。どうしても政治家の語気に押しまくられて、突っ込みのタイミングを逸する、というようなことになりかねない。元来が、助詞抜きというのは、日本語の論理性を殺して、文全体の文法的メカニズムよりもキーワードの語気でグイグイ押そうという語法である。これも「空気の権力化」を発生させる言語表現だと言えるだろう。


では、このような「空気の権力化」の意味するところは何なのだろう。そこでは一体何が起きているのだろうか。それは、一言で言えば、公共であるはずの言語空間に対して私的な言語表現を持ち込んでいるということである。そこに空気の掌握と、「空気を読めない」人間の排除、そして権力の把握というメカニズムがある。

公的空間に私的な空気が持ち込まれるとき、権力が生まれる

省略表現や、比喩などのレトリックは、元来が私的なものであろう。一対一の関係であるからこそ、お互いに会話の前提となる情報を共有しており、「打てば響く」ように、あ

るいは「あうんの呼吸」で暗号が解読できるのだ。そうした言語に表れない情報を共有しているというのは、私的な関係だといえるだろう。仮に職場の上下関係や、政治家の「同志」というような公的な関係であっても、「関係の空気」を共有しているということそのものは私的な関係だということが言える。

そうした私的な「関係の空気」を前提とした言語表現を、公的な場に持ち込むというのはなぜ問題なのか。それは公的な場というのは、前提知識の違う人々、利害や意見の異なる人々によって構成されているからである。そして、公的な場というのは、これを社会と呼び代えることもできるのだが、そうした利害関係を調整する場に他ならない。政治とは、そのような調整と意思決定のプロセスだと言ってもよい。

企業の中の組織も同じだ。一見すると、「営業目標の達成へ向けてガンバロウ」と叫ぶ集団には、利害の対立はないように見える。だが、そもそもが最小の人件費で最大の効果を上げようという企業の利益と、生活の手段として時間的物理的拘束に甘んじている従業員の利害は相反するのである。表面的には「ガンバロウ」と言っても、育児や介護のために「他の人よりはがんばれない」人もいるし、中には「この部門の成果至上主義には、反社会行為を厭《いと》わない危険なものがありそうだ」という警戒心を持っている人間もいるだろう。「こんな旧態依然とした営業活動をやっていては、ライバル企業に先を行かれる、そろそろ転職を考えないと」と考えている人間だって、いるかもしれない。

そんな「違う人間の集団」であることを忘れて、「例の件」という〝符丁〟で通してみたり、「エー業部」などと洒落て見せるというのは、甘いといえば甘いのであるし、またそうした私的な言語表現を押し通すところに権力が発生するのである。

ちなみに、いわゆる「野党」の持っている言語表現にも、全く同じ問題がある。

「戦争への道である自衛隊のイラク派遣は絶対に許せません」

であるとか、

「弱い者いじめ社会はもうごめん」

という類いの言い方がどうして社会全体に対する説得力を持たないのか。それぞれ「内輪言葉の自己満足」と言われても仕方がないのは、自分たちと価値観の異なる人間をそもそも排除した言語表現だからである。前者に関して言えば、小泉政権は何も戦争がしたくてイラクに派兵したのではなく、ブッシュ政権との同盟関係を維持するためのいわば「貸し」もしくは「人質」として自衛隊を差し出しているのであり、決して積極的な選択ではない、だがその選択自体は間違っている、そんな見地から消極的に反対している層もあるのであって、「絶対に許せません」と言ってしまっては、そうした層とのコミュニケーションは不可能になる。

後者の例に至っては、「弱者」への「同情」や、「強者」への「憤慨」というような「私怨」の前にあらゆる公共性が閉ざされてしまっている。公的な空間へ向けて放たれた言葉とは言えないのである。

みのもんた話法の権力性

どうやら、このあたりに問題の中心があるようだ。元来は一対一の「関係の空気」を前提としたバラエティーに富む日本語表現が、三人以上の場にどんどん進出しているのである。

コードスイッチ。

タメ口。

ダジャレ。

比喩。

省略やなぞかけ。

スローガンや隠語、略語。

こうした「私の日本語」が公共の場にどんどんあふれ出てきている。その結果として、元来は価値観の異なる人間、利害の異なる人間が共存する場であるはずの「公共の場」

が、「私的な空気」に汚染されてしまっているのだ。

こうした風潮を象徴しているのが、二〇〇五年の大晦日、紅白歌合戦への「みのもんた」の登場である。

みのもんたの人気の秘密は「コードスイッチ話法」にある。

「えー、次は演歌の星。〇〇さんです。〇〇さんの歌はいいねえ。ほっとするねえ。おっと、その前に点数を見てみましょう。あれれ、白組はだいぶ負けてるゾ。オイ、お前ら何やってんだ。大変ですねえ。〇〇さんは責任重大だ。がんばってくださいネ。それではお届けしましょう……」

といった語りが彼の真骨頂であろう。こうしたコードスイッチ話法は、みのの経歴に秘密がある。それは彼のトークの原点が、七〇年代のラジオの深夜放送にあるからだ。当時のラジオの深夜放送は「孤独な若者」にDJ（パーソナリティーと呼ばれていた）が「個人的に語りかける」というスタイルが人気を博していた。有名だったのは、いまはジェンダー問題の評論家と思われている落合恵子で、レモンちゃんというニックネームと共に、深夜のアイドル的存在だった。

「次の曲は栃木県のAさんのリクエスト、心を込めてアナタにお届けします。Aさんだけじゃなくて、いま、この時間に夜明けを待ちながらラジオを聴いている、そうアナタ、アナタだけに聴いてもらいたいの」

というような「疑似的な私的空間」を作るのが落合の、そしてその他大勢の深夜放送の「パーソナリティー」が編み出した話法だった。実際は何十万人単位の聴取者がいるにもかかわらず、「アナタだけに」という語りかけが成立したのは、深夜という非日常空間ならではの魔術でもあった。みのの成功は、この「私的な言語空間」をより公共の場に近いＴＶのトークショーやバラエティーショーに応用していった点にある。だが、ＴＶの場ではコードスイッチのような「私的話法」はそのまま「空気」をその場に行き渡らせて権力化してしまう。みのは、その権力化も計算に入れ、権力に見合うだけの押しの強さと、ある種の人情家的な話術を取り混ぜていまの地位を確立したと言ってよいだろう。

言ってみれば、私的な言語による「空気」を公的な空間に持ち込み、その場の「空気」を支配する、そんな話法である。それがＮＨＫの紅白歌合戦という、娯楽番組としては最も公的な場を乗っ取ってしまったのだ。

では、どうしてそんな話法が受けるのだろう。まず、こうした「私的」話法というのは、それだけで説得力があるということがある。ニュアンスに富み、聞いていて面白い。「何ともぞんざいで、態度が大きいなあ」という違和感を持ちながらも、慣れてくるとそれも気にならなくなる。

それだけではない。こうした「私的な話法」に慣れてくると、だんだんに「です、ます」調の丁寧な話法が「格好をつけていて冷たい」話し方に聞こえてきてしまうのだ。その一方で、コードスイッチを混ぜた「タメ口」的な話し方の方が「ストレートで、ホンネが入っていて、正直なので」共感できるというように思い込まされていく。小泉首相の「自分の言葉」というのも同じである。

こうした話法が歓迎されるのは、自分の身の回りでの「関係の空気」に豊かなものが欠けているからではないだろうか。やや短絡的かもしれないが、現代の日本人は、家庭や職場で「関係の空気」に守られた幸福な日本語を経験できずにいて、その分、TVのバラエティー番組や「小泉劇場」で見られるような「饒舌な空間」に吸い寄せられていっているのではないか。そこで疑似的な私的経験をしていると思いながら、実は巨大な空気という権力に吸い込まれているのではないだろうか。

見方を変えてみると、地域共同体や家族、学校といった中間的な共同体が崩壊する中で、むき出しの個人が、政治や会社組織という大きな共同体に帰属させられていく、そんな現象が起きているのだろう。中間的な共同体を支える「関係の空気」が希薄となり、その代わりに「場の空気」がどんどん濃厚になっているのだ。

考えてみれば、みのや落合が深夜のラジオ放送で「疑似的なプライベート空間」を演出していた七〇年代前半も、不安な時代であった。価値観が流動化する中、ニクソンショックやオイルショック、ベトナム戦争など社会に不安が満ちていた時代でもあった。だが、現在の状況は七〇年代よりも危機が深いと言えるだろう。そしてその危機を深めている要素として日本語の問題は避けて通れない。

第五章　日本語をどう使うか

日本語には長所と短所がある。一対一の関係においては「関係の空気」を使ってニュアンスに富んだコミュニケーションが可能だ。だが、同じような話法が公的な場に持ち込まれると、「場の空気」が権力を暴走させてしまって合理的な判断や利害調整を妨害し始める。

バブル崩壊と冷戦終結による価値の相対化を受けて、混乱する日本社会の問題点には、多くの場合、この日本語の空気の問題が介在するとも言えるだろう。では、日本語の問題が大きいとして、これからの日本で日本語をどう使っていくことが、現代のさまざまな問題に立ち向かう上で有効なのであろうか。本章では五つほど具体的な提案をしてみたい。

提案その一、ちゃんと語ることで日本語は伝わる

まず、聞き手への配慮という問題がある。聞き手のことを考えれば、省略表現がちゃんと伝わるのかどうか、省略だけでなく比喩やニックネームなどの「暗号（コード）」を、相手がちゃんと「復元（デコーディング）」できるか、つまり、その相手がどの程度の前提知識を自分と共有しているか、を繊細に感じ取ることが必要だ。

例えば、ラーメンを食べに行こうと誘う会話では、

「なあ、丸三の全部入り食べにいこ」

「？」

同僚であろうと、友人であろうと、こうした話法に入る前に、「アレ？　この人は丸三の全部入りラーメンって知っていたっけ？」とよく考えてから話すべきであろう。相手の態度に「わからない」というムードがあれば、直ちに暗号化は止めるべきだ。

「全部入りっていうのはね、チャーシューとメンマと、味付玉子が全部入ってるんだ。どれも普通のラーメン屋のとは違って手間のかかったヤツだから、通は丸三では全部入りを頼むのさ」

話としては面倒である。だが、相手が知らないのであれば手間を惜しまず「ちゃんと語る」ことが必要なのではないだろうか。

そんなことは当たり前、そう感じるかもしれないが、同じことが複数の聞き手のいる「公共の場」でできるかというと、これがなかなか難しい。

職場で忘年会の会場を決めようというときなどは大変である。特に部長が「店は君たちに任すよ。君たちの好きな店で喜んでもらえるのが一番良い」なんて無責任にも振ってくると、これは困ったということになる。部の中の「宴会部長」的な人物としては、やはり、

「えー、今年の忘年会ですが、アメリカ法人からの研修生のジム君がテリヤキチキンが好

きというので、私はムッとしましてね。照り焼きなんてのは邪道ですよ。やっぱり焼き鳥ですよ。日本の宴会は焼き鳥に限ります。で、最近近くの『鳥八』に新館ができまして、さっそく行って参りましたよ。で、これが悪くないんです。ニッポンの焼き鳥として、恥ずかしくありません。ところで、『鳥八』は折り詰めも名物なんです。だから、育児期間中のAさん、Bさんは乾杯だけ参加してもらって、後は折り詰めをお持ち帰りということで、ちょっと淋しいですが、少子化解消のためにがんばっていただいてですね……ハハハ、私ちょっと仕切っちゃいました？　すみません」

というような感じであろうか。日本語の表現には特殊なところはない。だが、話法としては少々饒舌である。一々理由を説明しているし、例外的なメンバー（外国人研修生と育児期間中の社員）を気にしすぎている、その点から「うるさい」という印象を与えるかもしれない。

だが、この「饒舌さ」ということは現代社会においては必要なのではないだろうか。忘年会一つとってもそうで、日本の宴会を知らない海外からのゲストあり、最初だけで帰らなくてはならない育児期間中の社員ありと、どの職場も多様な人間の集団である以上、主流とは異なるバックグラウンドを持った人への配慮をしなくてはならない時代なのである。

こうした「複雑な状況」を簡単な一言で「象徴」させるのは、ほぼ不可能である。あうんの呼吸も通じなければ、簡単なスローガンで済ませるわけにもいかない。そんな時代では、「付帯事項を含めて饒舌に全部ちゃんと語る」ことが実は最も「カッコいい日本語」なのではないだろうか。

堀江貴文氏の日本語は、彼が時代の寵児だった際にはずいぶんともてはやされた。例えば「想定内」という言葉は流行語になった。だが、企業買収の一連の過程の中で、自分の立場からすると不利な展開になった際に「想定内」だと言って自信のあるところを見せるというのは、何も言っていないに等しい。現代のM&Aというような複雑な経済活動に関して社会的に説明する言葉としては、

「こうした事態は想定はしていました。確かに訴訟費用もかかりますし、買収価格が上がればその分だけ当方には不利になります。でも、合併後の効果ということを計算しますと、まだまだ買う価値は失われていないと思いますよ」

ぐらい、最低限喋って欲しかったし、メディアもそんなコメントを引き出すぐらいに突っ込んで欲しかったと思う。もっとも堀江氏の場合は、そんな内容すらない「単なるイメージの演出による時価総額の拡大」しか考えていなかったのであろうが。

提案その二、失われた対等性を取り戻すために

複雑な問題を「簡単な一言」で言い抜けるレトリックにはどう対応したらいいのだろうか。

例えば、小泉首相の「人生いろいろ、会社もいろいろ」発言については、前の章でも触れたが、その場で質問していた民主党側として最低限「弁解にもいろいろありますね」と応酬すべきであった。それは、攻守のバランスという以上の問題なのだ。その場の言語空間の「空気」を相手に渡さない、対等の「空気」を維持してコミュニケーションを切らない、という決意なのである。小泉首相は一瞬ひるむであろう。だが、次の瞬間にはもっとマシな説明をせざるを得なくなる。そうやって会話が進んでいくのが論戦なのであり、その論戦を最低限機能させるためには、言語の形式に対等性が必要なのである。

与党と野党の対等性。

政治家とマスコミの対等性。

政治家と有権者の対等性。

こうしたバランスが崩れてしまっては、事実を踏まえて議論し、最終的には多数決で決定するという社会のシステムが機能しなくなってしまうのである。

言語の対等性ということでは、敬語に関する認識も改めるべきだと思う。

いまの若い人には、敬語は服従の言葉というイメージがあり、それが敬語への恐れや抵抗感につながっていると思う。例えば、問題になっている「千円からお預かりします」とか「お茶のほうお持ちしました」という、いわゆる「コンビニ・ファミレス敬語」は、「相手に好印象を持ってもらえない恐れ」から「何もかも敬して遠ざける」心理が生まれ、それが距離を表す「ほう」とか「から」という表現になっていると考えられる。「自分のもの」という言い方をしては敬意が十分でないのではないか、そんな恐怖感がそこにはあると思う。

また、これまでの議論でも見てきたように、「です、ます」の敬体は「突き放したようで冷たい」というイメージが浸透している。どうも敬語というのは旗色が悪いようで、さまざまなアンケートにもそれは出てきている。このまま放置して世代が進めば敬語は衰退していくかもしれない。また、一部の人の中には「人間は皆平等」というイデオロギーから敬語の衰退を歓迎している向きもある。

だが、これは間違いだと思う。

驚く人もあるかもしれないが、敬語とは話し手と聞き手の対等性を持った言葉である。そして、いわゆる「タメ口」とはむき出しの権力関係を持ち込んだ不平等な言語空間を作り出すものなのだ。

少し極端な例を挙げてみよう。

その昔、NHKに杉山邦博というアナウンサーがいた。相撲中継の際のアナウンスで有名であったが、アナウンスだけでなくインタビューにも定評があったのである。杉山アナウンサーのインタビューというのは、次のようなものであった。

杉山アナ「こちら支度部屋です。それにしても見事な相撲でした」
勝ち力士「ハア、ハア、ハア（とまだ息が荒い）」
杉山アナ「しかしまあ、よく下手が入りましたねエ」
勝ち力士「ハア、ハア、ハア」
杉山アナ「先場所十番勝ってますから、勝ち越せば三役も夢じゃないですねエ」
勝ち力士「ハア、ハア、ハア」
杉山アナ「いやあ、どうもありがとうございました」

笑い話のようだが、当時の相撲のインタビューといえば、こんな感じであった。だが、ここには見事な対等性があったのである。答えを全部聞き手が言っているような「お約束」のインタビューが、言語空間として「対等」というのは妙な話だが、その秘密は杉山アナの端正な「です、ます」体にある。仮に、このやりとりを当節流行の「タメ口」スタイルに変えてみたらどうだろう。

アナ「こちら支度部屋。それにしても見事な相撲だったね」
力士「ハア、ハア、ハア」
アナ「しかしまあ、よく下手が入ったねエ」
力士「ハア、ハア、ハア」
アナ「先場所十番勝ってるから、勝ち越せば三役も夢じゃないネ」
力士「ハア、ハア、ハア」
アナ「いやあ、どうも、どうも」

いかがであろうか。力士の方は何も言っていないに等しいから条件は同じである。だが、この「タメ口」のほうでは「対等性」が感じられないのである。どう考えても、師匠と弟子の会話、あるいはご贔屓筋《ひいきすじ》と力士の会話という雰囲気が漂う。明らかに「アナ」が優位に立っており、力士の方は「何も話せない格下」という位置にいるように感じられる。

こうした「です、ます」の丁寧語だけでなく、尊敬語にも似たような機能がある。学生が人間国宝の陶芸家に話を聞きに行ったとする。

学生「先生、どうしてこんな色の作品がおできになるんですか」

陶芸家「大切なのは火です。火を操る技が色を決めるんです」

学生「大変な修業をしていらっしゃるんですね」

陶芸家「いえいえ、修業なんてものではありません。試行錯誤ですよ。焼いては割り、焼いては割り、でも少しずつでも良い色になるのは楽しいですよ」

学生「でも、その色を良いとお感じになるのも先生の才能では」

陶芸家「ハッハッハ、そんなに考え込まないで、まず焼いてみてはいかがかな」

会話全体が安定している。もちろん、この学生は陶芸家を尊敬していて、それが自然な敬語になっているのだが、その敬語表現が陶芸家の自尊心を満足させて、スムーズな会話になったのではない。会話のスタイルとして、対等性が確保されているのである。そして、ここでは悪しき空気やあいまいな要素は抑えられている。この対等な感覚というのは、「社会制度の導く上下関係」を使って二人の人間が「自然な距離感」を保てるからなのだ。この距離感とは、人間味を感じるには十分でありながら、一方が私的な権力を使って他方を支配するほどには近くない、そんな適度な距離感なのである。言葉の形の上では上下関係であっても、実際は対等であり、お互いにお互いの人格を認めているのである。

この会話を「タメ口」にしてみたらどうなるであろうか。

学生　「先生、どうしてこんな色の作品ができるんだよ」
陶芸家「そんなぁこと、お前に聞かれる筋合いじゃねえな。火を操る技が色を決めるんだ。わかるか、馬鹿者」
学生　「すげえ修業だな」
陶芸家「修業じゃねえ。第一、すげえとか何とかいい加減なことを言うな。試行錯誤だよ。焼いては割り、焼いては割り、でも少しずつでも良い色にする、ウルセエな、お前になんかわかるもんか。もうよい、帰れ」

そんな感じで破綻するのがオチであろう。なぜか。「タメ口」ではニュアンスがむき出しになるのである。内容も、表現の細かなところにも、感情や権力関係がむき出しになる。自尊心も、卑屈な感情も、無神経さも何もかもがむき出しになるのだ。その結果として、極めて近くて対等な人間関係でもない限り、安定的な「空気」はできない。タメ口が平等だというのは幻想である。

提案その三、教育現場では「です、ます」のコミュニケーションを教えよ

教育における日本語の問題はどう考えたらよいのだろう。英語教育を「読み書き偏重」から「コミュニケーション重視」に変えるべきだ、という話はよく聞く。だが、日本語の教育においてコミュニケーションを重視しようという動きはあまり聞かない。

その結果として、前述したように公教育の場では一方的なコミュニケーションばかりが横行している。教室では自由な意見や質問は消えうせているし、儀式に際しては、上から下への訓話的なスピーチばかりである。利害対立の解決方法や、異なる個性の共存の知恵としてのコミュニケーション能力を鍛える場は、現在の公教育にはほとんど存在していないと言っていいだろう。

ではどうすれば良いのか。生徒にとにかく「勝手なホンネ」を喋らせれば良いのか。

そうではない。逆である。学校という小社会を「異なる立場、利害の人間の集合体」として位置づけ、その中で他者との距離感をコントロールしながら、問題の落とし所を決める作業に参加させ、人々の共存していく知恵を授けるには、敬語を中心とした待遇表現を

教えるべきであろう。

では、どう教えるのか。

まず「です、ます」調の問題がある。現在の教育課程では、この「です、ます」調は「丁寧語」として敬語の一種だと教えられる。例えば「先生がいらっしゃる」というような尊敬語は動作の主体（この場合は先生）に対する尊敬だが、「です、ます」は話し相手に対する尊敬なのだというような厳密な定義がある。敬語には「尊敬語、謙譲語、丁寧語」の三種類があるという知識を、テストによって、あるいは入試に出題されるからという理由で子供たちは叩き込まれる。

だが会話においては「です、ます」をあえて敬語の一種としないほうが良いのではないだろうか。むしろ「です、ます」こそ日本語の会話の標準スタイルなのだとして、学校教育でも社会の中でもしっかりとそのコミュニケーション能力を磨くことが必要なのではないだろうか。「です、ます」を「丁寧語」という敬語の一種として特別視することを止めるべきではないだろうか。

年齢や社会的な上下にかかわらず、初対面の人間同士はこの「です、ます」という標準会話によって最初の信頼関係を確立すべきだし、公的な場、とりわけ利害や前提知識に差のある人間の集まった場でも「です、ます」を通すことで、その場の参加者全員と等距離の関係を築くべきだろう。親しい人間同士の個人的な会話であっても、その場に第三者がいて内容を聞いている場合には、あえて「です、ます」を通して、聞いている人間の存在を認めることも必要である。

さらに、利害が対立したとき、話の内容が伝わらずに確認作業が必要になったとき、明らかに感情の行き違いが発生したときなどは「です、ます」の標準スタイルを選択することで問題を解決する、教育現場ではそのようなトレーニングを繰り返すべきだろう。

特に必要なのが初等中等教育における会話の教育である。学校を一つの社会、つまりコミュニケーションの訓練をする場として定義し直してはどうだろう。役所の言う「生きる力」などというスローガンも「弱肉強食の社会で潰されない力」だと考えると陰鬱になってくるが、「社会の中で必要なコミュニケーションを取れる力」だと言い換えれば希望も湧いてくる。そのコミュニケーションの中核に「です、ます」の標準スタイルを置くのである。

その上で、権力や親疎感情をむき出しにしやすい「だ、である」の使用を制限するのだ。要するに「ハハハ、良くできたねー」というような教師の馴れ合いスタイルも、「センセー、その話つまんねー」などという甘ったれた子供も追放するのである。そして、「良くできましたね。だったら、次のレベルへ進みましょう」

と教師は重心の低い話法でクラスをまとめる一方で、

「先生、すみませんがこの文章には興味が持てないんですが……」

というような正直な子供の意見を認め、受け止め、向き合って、

「そうですか。残念ですね。著者の意見に押しつけがましいところがあるんですか。それとも、意見そのものに反対なんですか。もしかしたら前提知識を補えば興味が持てるというレベルの問題じゃないんですか」

とボールを投げ返す、教室をそんなコミュニケーションの場に戻すべきである。現在の学校教育の問題点は、人生の長い時間をかけて学校に行きながら「コミュニケーションというのは成り立たない」ということを叩き込まれてしまうところにあるからだ。

スポーツの指導なども同じだ。

「バカ野郎、罰としてウサギ跳び百回だ」

という文化ではなく、

「悪くはなかったですね。でも、重心移動を工夫してみてください。弱点に気がつくはずですよ」

というような文化を確立しなくては、最終的に世界に通用するような人材は育たないだろう。

この「です、ます」という標準スタイルを通じて、会話に参加している人間同士の「対等性」や「適切な距離」を置く、つまり公共性というものを実現することができれば、日本社会の閉塞感も和らぐのではないだろうか。

ところで、こう力強く結論を述べてしまうと「では、冷泉はどうしてこの本では『です、ます』を使わないのか」という疑問を持つ読者の方もおられるだろう。理由は単純である。それは「です、ます」を標準とすべきなのは、あくまで日本語の会話であって、著述の際の書き言葉については「だ、である」調が標準だからである。読者の方々に対して不要な距離を置くことなく、自分の意見や必要な情報を届け、その上で内容を読者の評価に委ねるためには「だ、である」の文体が自然だからである。

少し詳しい話をすると、話し言葉の「だ、である」は助詞を要求する。「ここが銀座だ」というような終助詞のない会話というのは普通しない。そうした場合は「銀座だね」とか「なるほどここが銀座ね」とか「なるほどやっぱり銀座だなあ」などというニュアンスを付与しないと不自然である。そこに性別や権力、好悪というような、場合によっては不要な要素が入ってしまう。

だが書き言葉の場合は、そうした助詞を使う必要がない。いま「ない」と文章を締めくくったが、「ないよ」「ないね」あるいは「ないだろ」とする必要はないのである。逆に

「ない」として批判を読者の方に委ねるのが著者と読者の間の良い関係になるのではないだろうか。

とにかく「丁寧語」という定義は止めて、「です、ます」の会話スタイルを標準スタイルとして、子供たちに徹底的に仕込む。同時に公的な場では「です、ます」を目上から目下という場合でも使う、何らかの形でこれを公にできないだろうか。

尊敬語に関しても同じような姿勢が必要である。

現代の敬語は尊敬語を減らそうという動きと、それでも使わざるを得ないという心理の葛藤で成り立っている。上司のいる席で「お行きになりますか」とか「おっしゃっていらっしゃる」などという過剰な尊敬語を使いながら、本人がいないところでは「あの、バカ野郎」などと言って、部下同士グチをこぼす、そんな「面従腹背」を強いられる現実が、現在の日本の多くの組織には風土としてある。その結果、人間関係はギクシャクし、人々はストレスを抱えるということになりがちだ。

その一方で、本当に尊敬語を使うべき局面で、流暢《りゅうちょう》に尊敬語を使える人間は減っている。

一番良い例が、初対面の人間に対してであろう。

知らない人間に駅への道順を尋ねられたとき、どんな言葉で教えたら良いのだろうか。

「駅へいらっしゃるんでしたら、その道をまっすぐ行かれて、コンビニの角を右にいらっしゃれば、すぐおわかりになりますよ」

そのように尊敬語を使うのが自然だろう。だが、とっさに尊敬語を使って道案内をできる人間は、どんどん減っているのではないだろうか。

「駅ねえ。まっすぐ行くでしょ。そんで、コンビニを右ね。でもって、そしたら見えるからさ」

というような「タメ口」しか喋れない若者が増えている。いや、時代の変化はもっと速いようで、そもそも初対面の人間に唐突に道を聞く話法も、教える話法も崩れているのではないだろうか。

これも公教育で教えるべきだろう。

現在の学校の先生は自信を失っていて、「自分に対して敬語を使わせることはできない」と抵抗するかもしれない。だが、そもそも生徒から敬語を使って話してもらえるだけの内容を備えた教師にならねばならない、ということも含めて実現すべきだと考える。そして、教師は校長の部下、校長は教育委員会の部下、という構造ではなく、校長や教委も現場教師を尊敬し、子供たちに対して「君たちが毎日教えてもらっている先生は本当に立派なんだよ」というメッセージを、先生に対する尊敬語で表すべきだと思う。

尊敬語は上下関係を表すから保守的で不適当だ、そんな考え方もあるだろう。だが、その上下関係は「上が下を支配し、束縛する」ための上下関係ではない。むしろ、上下関係がはっきりしていて、敬語を自然に使う関係ができていたほうが、下から上への反論や抵抗もしやすい。

「先生、オレその意見には反対だよ。何たって絶対ハンターイ」

というのは単なるワガママ以上の何ものでもないだろう。だが、

「先生の意見には反対です。おっしゃる理由はわかりますが、私は前提が違うと思っています……」

という話法の方が説得力もあり、教師を言い負かす可能性も高いはずだ。そして、そのような話法を中学生ぐらいから鍛えることは教育にとって重要な部分ではないだろうか。

敬語とは「上が下を支配するための道具」なのではなく、誰もが社会の中で他者と関わるための公共性を確保する「フォーマット」なのだ、教えるに当たっては、そういう言い方をしてもいいだろう。

現在の若者は、公教育では敬語を学ばない。また、本書では日本語の基本形だとして述べてきた「です、ます」調の会話も満足にできない若者が多い。そうした若者が敬語を学

ぶのは、他でもない就職活動を通じてである。そんな中で、社会人になることは服従の知恵を覚えることであり、魂の自由を捨てることだ、そんな「ふてぶてしい虚無主義」のようなものが就職してゆく学生には生まれていく。こうして学生たちは、どうやら就職すると自由に休暇を取ることはままならないのだろう、という悲観的な思い込みから「卒業旅行」などに出かけてセンチメンタリズムに浸るのであろう。

そして、就職すると企業の研修システムのおかげもあって、全員が「お世話になっております」などというビジネス会話を喋るようになるのである。そして、管理職のダジャレや一方的なお説教に付き合い、いやいやながら歯車の一つに組み込まれることで結局は組織の硬直化を下から支えるような人材になってしまうのだ。

要するに、敬語が自分のものになっていないから、敬語に負け、その組織に負けてしまうのである。

その行き着く先が、「場の空気」が絶対権力になってしまう社会というわけだ。

教育を通して敬語を教えるというのは、権力に服従する人間を作ることにはならない。

提案その四、ビジネス社会の日本語は見直すべきだ

逆に権力をチェックできる確立した個人を育てることになるのである。

ビジネス社会の日本語について言えば、最近はどうしても形式主義が先に立ってパーソナルなタッチに欠ける傾向がある。

少し前に述べた「お世話になっております」が良い例だろう。

日本の会社に電話をしたり、受付で来意を述べると、暑かろうが寒かろうが、暮れだろうが正月だろうが、そもそもお世話になっていようがいまいが「お世話になっております」という挨拶が返ってくる。

「いらっしゃいませ。外は大変なお天気でしたでしょう。傘はどうぞこちらでお預かりしますから」

というような臨機応変な対応は期待できない。

レストランなどの外食産業、ホテルや飛行機などの運輸サービス業の場でも、マニュアル化が進行しており、挨拶も定型化されたものがほとんどである。

デニーズというファミリーレストランでは、昔からイトーヨーカ堂の系列であったこともあって、マニュアル化による経営効率を積極的に追い求めていた会社であった。そのデニーズ本部では、「いらっしゃいませ、デニーズへようこそ」という挨拶を徹底するよう各店に厳しい指導をしていたのだという。だが、ある年に現場から、元日だけは「あけましておめでとうございます、デニーズへようこそ」というセリフに変えるべきではないかという「提案」がされ、役員会での大議論になったのだという。結論としては「変革」が承認されて「あけましておめでとう」の導入が決まったのだそうだが、その次には「実際にセリフを切り替えるのは一体何時何分何秒からで、何時何分何秒までを対象とするのか」とか、細かな「実務上の問題」が延々と議論されたという笑えない笑い話がある。

もちろん、ファミリーレストランのオペレーションがマニュアル化するのは、そのように定型化したほうがコストが安くあがるからだ。安い労働力を導入し、簡単な研修を施すだけで現場に送り出すのには、何もかもを決めておいた方がずっと効率がいい。そして「当意即妙」のパーソナルタッチを実現するのにはコストがかかる。

企業の電話や受付の応対が定型化するのも同じ理屈である。こうしたポジションには、終身雇用のフルタイム社員ではなく、人材派遣を使う企業が圧倒的である以上、会社の「顔」としてパーソナルタッチのある応対をというのは不可能であろう。

考えてみれば、こうしたビジネスのコミュニケーションのコストダウンや外注化というのは世界的な趨勢である。いまのアメリカの電話受付サービスは「かけ電話（特定の目的で企業側から消費者にかける電話＝内容は単純でコストは安い）」にしても「受け電話（消費者からの幅広い問い合わせや注文に応ずる電話＝内容は幅広く、コストも高い）」にしても、相当の部分がインドに外注されている。

こうした動きを考えれば、日本の電話応対がマニュアル化するのも仕方がないのかもしれない。事実、日本向けの電話業務をコストダウンするための受け皿として中国の大連市には多くの企業が電話サービスの「コールセンター」を設置しつつあると聞く。

だが、日本語の場合は特殊な事情がある。英語と比べて言語と空気の関係が密接なのだ。日本語は定型化すればするほど、空気の希薄な感じが際立ってしまうのである。その結果、極めて無機質の「空気」が社会に広がっていくことになる。

どうせ空気が希薄なら、ということで例えば「ワンマンバスの停留所案内」であるとか「新幹線の車内アナウンス」などでは明らかに録音されたものが使われているし、成田空港の場内アナウンスなどでは、単語別に録音されたデジタル音声を人工合成して「じゅう・ろく・じ・にじゅっ・ぷん・はつ・ゆないてっど・こうくう・はっぴゃく・びん」などとやっているが、ここにあるのも何とも希薄な空気である。

こうした空気の希薄なマニュアル言語や人工音声なども、機能的であるから構わないという意見もあるだろう。だが、ここにあるのは全く無機的な機能だけではない。

これはこれで、ある濃厚な空気があるのだ。

例えばデニーズで「いらっしゃいませ、デニーズへようこそ」という決まり文句で迎えられた客は、その店員を「モノ」としてしか見ていない。なぜならば、この挨拶には「返し」はしないという空気があるからだ。

「お世話になっております」の場合は、「こちらこそお世話になっています」という「返し」をすることになっているのだが、この型通りの「返し」以外は言わないことになっている。例えば「いいえ、お世話になっているのはこちらのほうなんですよ」という「面倒なこと」は言わないことになっているのだ。

こうしたビジネス社会の生み出す希薄な日本語の空気は、実に脆弱《ぜいじゃく》である。まず例外や非常事態ではあっという間に破綻する。元々薄かった空気は、例外に遭遇すると簡単に日本語を窒息させてしまうのだ。そして、こうした定型化して空気の希薄な日本語に慣れ親しんでしまうことが、日本語のコミュニケーション能力を低下させているのである。


ビジネス社会における、上下関係のコミュニケーションは、どうすれば改善できるのだろうか。

ここでは、会社や官庁の組織内でも「上から下」への「です、ます」を普及させるべきだ、というアイディアを提案したい。

日本の社会も実力主義が相当に浸透し、年下の上司が年上の部下に指示を出すという局面が増えてきている。その一方で、あまり年上の部下は使いづらい、というムードが強くあり、その問題が就職に関する年齢制限の背景にある。だが、そんなことは言っていられない。そうした「年齢ヒエラルキーの逆転時代」において、人々がストレスを低減させてゆくには、「上から下へのです、ます」というほうが、「何でもタメ口」よりはるかに現実的だと思われる。

同様の問題は、女性管理職にも当てはまる。日本語には歴史的な経緯から、男言葉と女言葉の区別がある。そんな中、女性管理職が熱心なあまりに「だ、である」体で部下に檄を飛ばすとどうなるか。

「ちょっと、アンタたち、よくがんばったわねえ。でも、まだまだだよ。経費の方は私が何とかするから、今期もがんばるのよ。わかった？」

別に悪くないが、こうした語法では「お母さんの言葉」になってしまう。どこかベタベタするし、冷酷にゆこうとすると完全支配というムードが出てきてしまうのだ。ここは「です、ます」を使った管理監督という方がスマートではないだろうか。

また、本書の中で繰り返し批判した「コードスイッチ」など「権力者の過剰な饒舌」についても、何らかのブレーキが必要であろう。少なくとも「部下が対等に物を言える雰囲気作り」というようなコミュニケーション技術を、さまざまな管理職養成の教育訓練の中で意識して教えるべきだろう。やたらに「空気」を乱造し、それによって権力を行使するような管理職ではなく、冷静な語法を使いながら場の雰囲気をつねにオープンにしてゆく人材、これからの日本ではそうしたリーダーシップを大事にするべきである。ビジネス社会とは少し離れるが、実際の社会で使われる敬語の中には、新しく考えなくてはならないものもある。

例えば全くの新制度である裁判員制度についてである。弁護士を増やさないで訴訟をスピードアップするためではないかとか、凶悪犯への重罪化の責任を法曹が世論に分担して欲しいためだろう、などとケチのつけようはいくらでもあるが、市民の裁判への参加という機会は貴重である。だが、この取り組みが成功するかどうかは楽観はできないと思う。

私はこの制度が成功するか失敗するかは、敬語の問題にあると思う。問題の一つは、判事と裁判員が、あるいは饒舌な裁判員と寡黙な裁判員が、「対等」に審理を進めることができるか、という点である。この点に関しては、私は「敬語を使う」べきだと考える。いや「敬語の使用を強制すべき」と言っても良い。それも「です、ます」だけでなく、判事も裁判員も相互に尊敬語を使うべきだと思う。そうでなくては、刑事事件の審理というような「公的な」言語空間は成立しない。少しでも「タメ口」を認めたら、法曹のプロである判事の発言権が、あるいは何らかの予断を持っていたり、たまたま犯罪心理マニアだったりする「饒舌な」裁判員の声が、他の裁判員を差し置くことになる。そして、そのような状況を日本語は著しく助長する。客観的な証拠調べ、判例との比較ではなく、「場の空気」が判決を生み出すようなことでは、せっかくの新制度が台無しである。

そうした「場の空気」の横暴を避けるためにも、仮にフリーターの裁判員であろうと、「私には人を裁くなんてとても……」と小さくなっている裁判員であろうと、判事は、そして他の裁判員は、「尊敬語」で接しなくてはならないことにするのである。審理の中では判事が、過去の判例なり、法曹の常識として想定しうる量刑の範囲などを「レクチャー」する局面もあるだろう。そうした場合でも、

「どうですか、おわかりいただけましたか。少しでも不明瞭なところがありましたら、どうぞおっしゃってください。あるいは皆さんそれぞれの人生経験や社会常識に照らして、申し上げたことにご異論がありましたら、それもおっしゃってください」

というような話法を維持すべきである。そうでなくては、個々の裁判員の意見が本当に審理に反映するかどうか疑わしいのである。最高裁事務局は「裁判員が法廷用語になじめず苦労するのでは」などと要らぬ心配をしているが、わからないことは遠慮なく胸を張って聞く雰囲気ができそうもない、ということでは最初からこの制度は失敗する可能性が強い。

裁判員制度の最大の障害は、勤め人が休めないという問題だと言われる。だが、私には、それ以上に、職場の中で心ない上司などが裁判員の職務を終わってきた部下に、「どうだった？」と根掘り葉掘り聞きたがる、あるいは知りたそうな顔をして、本人が秘密保持義務との葛藤で悩む、ということがあると思われる。こうした場合にも、本人が明らかにプロの判事と対等に審理に参加し、判決に関与したという経験をしていれば、耐えられるだろう。そして、そのように社会として、あるいは法廷として、裁判員の厳粛な権威を認めるには、敬語を徹底することが重要だと思う。

提案その五、「美しい日本語」探しはやめよう

一九九〇年代以降、日本語の「乱れ」を指摘して「美しい日本語」を取り戻そうという「空気」が蔓延している。もちろん、その背景には世代や性別、帰属グループなどによって話法がどんどん異なってきており、グループ間のコミュニケーションが取れなくなってきているという問題があるのは明白だ。

最近の出版界は日本語論ブームだそうで、ブームになること自体が、多くの人が日本語に何らかの問題を感じていることの証拠だと言ってよいだろう。だが、残念なのは、日本語論の多くがいわゆる「美しい日本語」という過去の理想状態を基準に、現在の日本語を

批判するだけに止まっていることだ。その書き方もほとんど同じで、「日本語の乱れ」を数多く収集した上で、そうした「乱れ」の発生原因、「新しい表現の正確な意味」などを紹介し、最後に「これは一般化しているので私的な会話では許容範囲」であるとか、「耳障りに感じる人が多いので気をつけたほうが良い」というような「裁定」を下すというパターンになっている。要するに「いわゆる『美しい日本語』を徹底したいのだが、乱れた表現が普及してしまったから仕方がない」か「いや、まだダメだ」という間で細かな話を続けるだけという議論が多い。

まず「美しい日本語」の定義を変えるべきではないだろうか。

日本語は道具である。野球ならグローブだ。あるチームの成績が悪いからといって、グローブにワックスをつけて磨けば途端に強くなるということはないだろう。道具とはあくまで手段であって、問題はプレーである。良いプレーのできるよう練習を重ね、さらに実戦という「予測のできない事態」に対処して実際に「ファインプレー」をしてゆく、それだけでは不十分で、最終的にいくら好プレーがあっても試合に負けてはダメなのだ。だが、守備力の総合的に高いチームは明らかに強いというのも事実であって、不断の練習は欠かせない。

日本語も全く同じである。まず道具にこだわるのは論外だ。私たちは何となく「上手な日本語」とか「感じの良い日本語」というのは、あくまで人に属したもので、「漠然とした全人格的なもの」と考えがちであるが、実は違う。

「良い日本語」あるいは「カッコいい日本語」というものは現実にあり、それを探してゆくべきなのだ。そして「カッコいい日本語」とは「言葉があるリストに載っている」とか「文法的にどう」ということではなくて、「伝わり方がカッコいい」という定義とするべきだ。

日本語が「カッコ良く伝わる」ためには、前提条件が共有化されていない場では、異なった聞き手のそれぞれに配慮した一種の「饒舌」も必要だろうし、前提が共有化されて「関係の空気」のある場合には、思い切った省略や示唆表現もあっても良いだろう。何よりも、異なった価値観や背景、性別、年齢の人間がそれぞれに個性を主張して共存するためには、相手との心地よい距離感を保つような言語が必要である。

その上で、明らかに困難な状況を救ったスピーチ、相手の気分を和らげる話法、人生の節目節目の瞬間に感動を記憶するための言葉、そうした使用例としての「優れた日本語」を蓄積してゆきたいものである。

時代の要請によっては、足りない言葉を補うことも必要で、例えば女性がどんどん社会的に責任ある地位につく、あるいは男性が家事をし子育てに関わる、そういった社会の変化に対しては新しい表現を編み出してゆくことも必要だろう。

価値観が相対化し、それでいてストレスが増すだけの社会になるならば、言語表現を通じて人のストレスを緩和する仕組みも必要ではないだろうか。教育の現場で、本当に個性を鍛えたいのであれば、周囲が個性を称賛し認める話法を確立すべきだ。外国人による学習途上の日本語と相対する際の話法なども、全く手のついていない分野と言えるだろう。

変化の激しい時代、日本語は確かに試練の時を迎えている。だが、日本語自体にある高度な伝達の性能を生かしながら、一対一の人間関係を豊かにすること、同時に集団の場での言葉に公共性を取り戻すことで、変化の中で、逆に日本語の強みが発揮できるような工夫をしてゆきたい。

もとより、言語とは生き物であって、その時代の社会的な背景や、言語が辿ってきた歴史からは自由になれない。特に日本語の場合は、大きな力に振り回されるようにしながら、語彙も表現も相当な早さで移り変わってきた。その変化を、人為的に止めることは簡単ではない。

だが、同時に言葉とは、一人一人の発語によって生まれていく以外には発生しようのないものでもある。一人一人の人間が、伝達の手段としての日本語に意識的になる、いや最低限でも「伝わらない気まずさ」や「空気に振り回される危うさ」に敏感になるだけで、社会全体のコミュニケーションは相当に改善するはずである。

かけがえのない一対一のコミュニケーションにおいて、「関係の空気」が欠乏してはいないか。

異なる立場の人間が集まった公共の空間において、「場の空気」が全体を振り回してはいないか。

こうしたことに意識的になるだけで、日本語はこの複雑な現代社会において、人々が道具とするに足るだけの性能を発揮できるのではないだろうか。

あとがき――「です、ます」調をめぐって

日本語を学びたての外国人と話す経験をすると、彼らの話し方の丁寧さに驚く人が多いのではないだろうか。二十歳そこそこの学生なのに、「です、ます」調の会話をキチンと話す外国人を見て感激し、「日本の若い者はだらしない」というような妙な感想を持つ人もいるぐらいだから、どうも一般的な傾向のようだ。

だが、これには秘密がある。

私たち在外の日本語教師が使っている教科書では、どの教科書でもまず「です、ます」調を最初に教えるようになっているのだ。その結果、学生たちは、特に初級者の場合は「です、ます」しか知らないということになる。

なぜ「です、ます」から入るのかというと、理由は簡単だ。まず、「です、ます」の活用は、「だ、である」の活用に比べて単純である。「話します↓話しません↓話しました↓話しませんでした」というふうに、「です、ます」の場合は「現在肯定形、現在否定形、過去肯定形、過去否定形」はすべて「話し」の語尾変化で済む。一方で「だ、である」の

場合は「話す↓話さない↓話した↓話さなかった」と複雑である。日本語ネイティブの人には全くピンと来ないと思うが、学習者にとってはこの活用の問題というのは実に大きいのだ。

これに加えて、「だ、である」形の場合は、本文でも述べたように、会話文の場合は助詞を加えないと不自然である。「きれいだ」という会話文は例外であって、通常は「きれいね」とか「きれいだね」とか「きれいだな」というように助詞を要求する。そこで男女のスタイル差や、共感性の強弱など面倒な話をしなくてはならない。これは初級者にとっては大変である。

そんなわけで、初級者には「です、ます」を最初に教えるのだが、最近はこれに文句を言う学生が出てきている。例えば、アジアの出身者などで「キムタク」のドラマを中国語の字幕で見ていてある程度日本語のリズムを知っている学生などは、「先生、もっと本当の会話が話したいです」などと言ってくるのだ。

中には初級段階で、夏休みに日本に短期留学したところが、日本人の友人から「あなたの日本語は冷たい」と言われて悩み、「タメ口」を特訓して欲しいと申し出る学生もいた。言語としては応用編である「だ、である」に関して、ここまで積極的に学びたいと言ってくるのであるから、教師としてもやりがいがあるのだが、動機が強いというだけでは、この「だ、である」はなかなか克服できない。学習者にとっては難しい関門なのだ。

その関門とは、何といっても助詞である。助詞抜きの「だ、である」は全く不自然ということで、男言葉・女言葉を教え、共感の「ね」や強調の「よ」を教え、といろいろ工夫するのだが、次から次へと例外事項が出てくる。一通り教えても、いざ学生に喋らせて、複雑なコンテキスト（文脈）を踏まえてみると不適切な表現が次から次へと出てきてしまう。

そんなことを何年も繰り返しているうちに、もしかして「だ、である」というのは日本語のネイティブにも難しいのではないだろうか、そう思うようになった。コンテキストとは要するに空気のことである。その場、その場の空気にふさわしい「だ、である」表現というのは、実は日本人にも難しいのではないだろうか。そんな中せっかく便利な「です、ます」があるのに、気取っているとか、冷たいとか言って忌避し、どうしても「タメ口」に幅を利かさせようとしているのは、かなり無理をしているのではないか、そう考えるようになったのだ。

「です、ます」調といえば、私が二〇〇一年九月以来毎週寄稿しているメールマガジン「JMM」（村上龍編集長）では、一部の例外的な号を除いて「です、ます」調で通している。例えば、寄稿の第一回では、セプテンバー・イレブンスの直後に、こんな報告をすることから始めている。

徹夜の救助作業の結果、六人の生存者が発見されたというニュースで二日目の朝が明けました。犠牲者の数は全く不明という状況の中、数千という行方不明者の安否に希望をつなぐ家族たちへの思いを込めてキャスターの声にも熱がこもっていました。四機の民間機がハイジャックされ乗客と共に標的に突入、世界貿易センタービルを二棟とも倒壊させ、国防総省ビルにも甚大な損害を与え、さらに一機が墜落。悪夢と思われた「恐怖の一日」は、しかし夢ではなかったのです。

いまも、NY地区は数千人単位と言われる不明者の捜索に必死です。その一方で一夜明けた米国は激しい葛藤の中にいると言って良いでしょう。

怒りを抑えるのか、爆発させるのか。

怒りをどこへ持って行けばいいのか。

その前に一体何が起きたのか、何が悪かったのか、と。

ですが、誰も答えてくれないのです。ブッシュ大統領の談話もこれまで三回ありましたが、内容らしい内容はまるでありませんでした。見えない敵に怯え、見えない敵に怒りを向ける以外に何もできない。これは、米国史上始まって以来の精神的危機と言って良いでしょう。その危機、つまり自分たちの当てのない激情をどう抑えるかということがすべてのアメリカ人の問題になっていると言えます。(JMM「FROM911、USAレポート」二〇〇一年九月十一日配信)

このときは、異常な事態の中でいかに冷静さを保つことができるのか、そして日本の読者に何を語り伝えれば良いのかを考えた結果、自然と出てきたのが「です、ます」体であった。そして以降、二百五十回を越えるコラムを書き続けているのだが、この文体は不思議と自分に合っているようだ。

どうして冷泉の「USAレポート」では「です、ます」調が自然なのか、言語学者の方や文学者の友人などがさまざまな見方をしてくださっているのだが、自分なりに納得しているのは次のような説明だ。

「私としては、アメリカ社会を冷静に見たい、テロへの報復に我を忘れるアメリカ人、それに旧態依然の反戦運動で抵抗するアメリカ人、そのどちらとも距離を置きながらも、その心情については寄り添うように描写してみたい。日本の読者の方々に対してもそうで、アメリカの軍事行動に憤る人、アメリカの正義に希望を託す人、そのどちらとも等距離を置きたい。そうして語り手である自分自身に対しても時には自省的でありたい。そんな中から、『です、ます』調の距離感を固定する効果を大事にしてきた」

たぶんそういうことなのだと思う。そして、この文体には実はお手本がある。推理小説の大家、そして中国歴史小説の傑作を次々とまとめておられる陳舜臣氏の『中国の歴史』がそれである。文庫本にして七冊、四千ページに及ぶ大作が端正な「です、ます」調で一貫して書かれている。例えばその結末では次のような感慨が綴られている。

おおぜいのなつかしい英雄（男女を問わずさまざまな意味での）が、ここに住む人たちにとって霊気ゆたかとおもわれた土地を舞台に、あらゆるわざを営みました。北宋の徽宗《きそう》が遠くにあってうたった万水千山は、今もむかしもおなじく青々としているのです。筆を擱《お》けば、歴史の登場人物の影が、いつのまにか消えてしまっているような気がします。愛惜の情はひとかたならぬものがあるのです。戦争もあり平和もあり、哲学、宗教があり、文芸、思想、さまざまな政治主張があり、政治の中心である中原《ちゅうげん》だけではなく、遥か遠い地方にもそれがひろがり、人びとのたましいの滋養となってきました。さまざまな経典が読まれましたが、今日はどのような経典が読まれ、そして講じられていることでしょうか。（以下略、陳舜臣『中国の歴史』講談社文庫版第七巻より）

九〇年代のはじめに出会って以来、私は繰り返しこの七冊を通読している。このシリーズには、何度読み返しても飽きさせない不思議な魅力があり、その魅力の相当の部分は、この「です、ます」体にあると言っていいだろう。

なぜであろうか。それは、台湾籍のまま（のちに日本国籍取得）日本に暮らし、日本語で執筆活動を続けておられる氏にとって、『中国の歴史』を日本の読者に向けて書くということは、自身と台湾、自身と中国、自身と日本の距離を確定する作業に他ならないからである。この文体の美しさは、そうした距離感の確かさにあるように思われる。

陳氏はまた、中国の歴史の『近・現代編』という別の著作も手がけておられる。だが、戊戌《ぼじゅつ》の政変から辛亥革命という苦悩する中国史には、もはや「です、ます」の距離感は不適当という判断があったのか、こちらの方は「だ、である」の文体が採用されており、全く別の書物という趣になっている。

書き言葉と話し言葉は違う。だが、この「です、ます」が適切な距離感を保つ機能を持っているということは重要なことではないだろうか。そして、本文中で何度もお話ししたように、相手との距離を保って社会的に開かれた日本語の空間を作るには、「です、ます」の効用は、いまこそ見直されるべきであると思う。

本文でも触れたが、本書はそうした距離感とは無縁という意図から、日本語の書き言葉の標準スタイルである「だ、である」で書かれている。対象である日本語というのは、私にとっては「距離を置いて」考察する対象ではなく、自分自身の「人となり」とは切っても切れない、抜き差しならないものだからである。また、読者の方々にも、本書は「だ、である」の文体を通じてストレートに受け止められ、ストレートに論評していただくのがふさわしいだろう。

本書は学術論文ではないので、参考文献を一つ一つ掲げるのは控えることにするが、巻末にあたって何人かの方々への謝辞を記すことは、どうぞお許しを願いたい。

まず、筆者の現在は上司に当たるラトガース大学のメーナード泉子教授には、日頃の教育活動に加えて『談話分析の可能性』などの著書を通じ、実際の日本語会話の分析における言語学的なアプローチを教えていただいた。

またコロンビア大学大学院での指導教官であった牧野成一プリンストン大学教授には、

教室内外でのさまざまなディスカッションや主著『ウチとソトの言語文化学』を通じて多くの学恩を授かった。その多くが本書のバックグラウンドになっていることを考えると、感謝の申し上げようもない。

　本書の執筆のきっかけになったのは、二〇〇三年三月十九日に収録された村上龍氏との対談「九一一からイラクへ」（JMMにて三回にわたって配信）である。イラク戦争の開戦直前、四十八時間という期限を切った最後通牒の期間中という緊張感の中で、話題は世界情勢から日本語の問題へと移っていった。その際に、氏の鋭敏な感性に導かれるままに申し上げたことの多くが、本書の着想になっている。村上氏には、本書のオビにメッセージも書いていただいた。この場を借りてお礼を申し上げたい。

　本書の中では、ビジネス社会の日本語に関する記述は、筆者が勤め人時代に上司たちに恵まれた経験なくしては書けなかった部分である。故福武哲彦、福武總一郎、横井弘昌の三氏を通じて得た、日本語による豊かなビジネスコミュニケーションの経験はこれからも機会があれば語り伝えたいと思っている。本書を脱稿した二〇〇六年四月は、奇《く》しくもその福武哲彦氏の逝去から満二十年にあたる。最晩年の氏は、私のような新入社員に対しても「オイ、話をするときは、相手の気持ちを考えるんだゾ」と豪放にして繊細な語り口で教え続けてくれた。その声がいまでも耳元で囁《ささや》いているように思うと、氏との出会いがなければ本書のような発想を持つことはできなかったのではないかと痛感させられる。

教師としての日本語経験に関しては前述したように、ラトガース大学における日本語履修の熱心な学生たちとの出会い、そしてプリンストン日本語学校（週末の日本語補習学校）での多くのバイリンガル高校生との出会いに基づいている。彼らとの出会いが、そして彼らの発する多くの疑問・質問も本書の背景における重要な要素になっていると思う。

本書の成立に当たっては、講談社の田中浩史氏に尽力をいただいた。企画段階では細切れのアイディアの聞き手として付き合ってくださることからスタートし、企画が固まってゆく過程の一つ一つにおいては具体的で的確な助言を下さった氏の仕事ぶりに対しては、感謝の言葉の申し上げようもない。

二〇〇六年五月　新緑のプリンストンにて

冷泉彰彦

講談社現代新書　1844

「関係《かんけい》の空気《くうき》」「場《ば》の空気《くうき》」

二〇〇六年六月二〇日第一刷発行　二〇一九年一二月五日第九刷発行

著　者　冷泉《れいぜい》彰彦《あきひこ》

発行者　渡瀬昌彦

発行所　株式会社講談社

東京都文京区音羽二丁目一二―二一　郵便番号一一二―八〇〇一

電　話　〇三―五三九五―三五二一　編集（現代新書）

〇三―五三九五―四四一五　販売

〇三―五三九五―三六一五　業務

装幀者　中島英樹

印刷所　豊国印刷株式会社

製本所　株式会社国宝社

定価はカバーに表示してあります　Printed in Japan

N.D.C.361　220p　18cm

ISBN4-06-149844-4

「講談社現代新書」の刊行にあたって

教養は万人が身をもって養い創造すべきものであって、一部の専門家の占有物として、ただ一方的に人々の手もとに配布され伝達されうるものではありません。

しかし、不幸にしてわが国の現状では、教養の重要な養いとなるべき書物は、ほとんど講壇からの天下りや単なる解説に終始し、知識技術を真剣に希求する青少年・学生・一般民衆の根本的な疑問や興味は、けっして十分に答えられ、解きほぐされ、手引きされることがありません。万人の内奥から発した真正の教養への芽ばえが、こうして放置され、むなしく滅びさる運命にゆだねられているのです。

このことは、中・高校だけで教育をおわる人々の成長をはばんでいるだけでなく、大学に進んだり、インテリと目されたりする人々の精神力の健康さえもむしばみ、わが国の文化の実質をまことに脆弱なものにしています。単なる博識以上の根強い思索力・判断力、および確かな技術にささえられた教養を必要とする日本の将来にとって、これは真剣に憂慮されなければならない事態であるといわなければなりません。

わたしたちの「講談社現代新書」は、この事態の克服を意図して計画されたものです。これによってわたしたちは、講壇からの天下りでもなく、単なる解説書でもない、もっぱら万人の魂に生ずる初発的かつ根本的な問題をとらえ、掘り起こし、手引きし、しかも最新の知識への展望を万人に確立させる書物を、新しく世の中に送り出したいと念願しています。

わたしたちは、創業以来民衆を対象とする啓蒙の仕事に専心してきた講談社にとって、これこそもっともふさわしい課題であり、伝統ある出版社としての義務でもあると考えているのです。

一九六四年四月　野間省一

哲学・思想Ⅰ

66 哲学のすすめ——岩崎武雄
159 弁証法はどういう科学か 三浦つとむ
501 ニーチェとの対話——西尾幹二
871 言葉と無意識——丸山圭三郎
898 はじめての構造主義—橋爪大三郎
916 哲学入門一歩前——廣松渉
921 現代思想を読む事典 今村仁司 編
977 哲学の歴史——新田義弘
989 ミシェル・フーコー—内田隆三
1001 今こそマルクスを読み返す 廣松渉
1286 哲学の謎——野矢茂樹
1293 「時間」を哲学する——中島義道

1301 〈子ども〉のための哲学 永井均
1315 じぶん・この不思議な存在—鷲田清一
1357 新しいヘーゲル——長谷川宏
1383 カントの人間学——中島義道
1401 これがニーチェだ——永井均
1420 無限論の教室——野矢茂樹
1466 ゲーデルの哲学——高橋昌一郎
1504 ドゥルーズの哲学——小泉義之
1575 動物化するポストモダン—東浩紀
1582 ロボットの心——柴田正良
1600 ハイデガー＝存在神秘の哲学——古東哲明
1635 これが現象学だ——谷徹
1638 時間は実在するか 入不二基義

1675 ウィトゲンシュタインはこう考えた—鬼界彰夫
1783 スピノザの世界——上野修
1839 読む哲学事典——田島正樹
1948 理性の限界——高橋昌一郎
1957 リアルのゆくえ——大塚英志 東浩紀
2004 はじめての言語ゲーム—橋爪大三郎
2048 知性の限界——高橋昌一郎
2050 超解読！ はじめてのヘーゲル『精神現象学』 竹田青嗣 西研
2084 はじめての政治哲学 小川仁志
2099 超解読！ はじめてのカント『純粋理性批判』 竹田青嗣
2153 感性の限界——高橋昌一郎
2169 超解読！ はじめてのフッサール『現象学の理念』——竹田青嗣
2185 死別の悲しみに向き合う——坂口幸弘